50歳を過ぎたらやってはいけないお金の話

山中伸枝

東洋経済新報社

はじめに

２０００万円が独り歩きを始めました。

テレビや雑誌など、さまざまなメディアで取り上げられている「２０００万円問題」が、金融庁の金融審議会市場ワーキング・グループが作成した「高齢社会における資産形成・管理」という報告書に書かれていた次の一文で、急に話題になりました。

「老後の生活においては年金などの収入で足らざる部分は、当然保有する金融資産から取り崩していくこととなる。……収入と支出の差である不足額約5万円が毎月発生する場合には、20年で約1300万円、30年で約2000万円の取崩しが必要になる」

「２０００万円も貯めるなんて絶対にむ〜り〜」と思った方もいらっしゃるかも知れませんが、心配する必要はありません。年金や退職金を上手に活用すれば、あなたの老後は破綻しないようにできています。

でも、実際に老後破綻する人がいるんです。どうしてでしょうか？

私は、50歳を過ぎても、いままでのお金に対する考え方を変えることができないからだと思っています。

私は、50歳になったら、このように考えることが大事だと思っています。


貯蓄を増やすことよりも、毎月の収支を黒字にすることを考える。


定年後に必要なのは、貯蓄よりも月々の収支を黒字にすることです。毎月の収支が黒字なら、大事な貯蓄を切り崩す必要もありません。

本書の第1章で、あなたの老後のお金の不安を解消する話をします。きっと、なんだ、それなら安心だと思っていただけることでしょう。


え、1章分しか書かないの？　残りの章では何を書くの？　そう思った方もいるかも知れませんね。

第2章からは、老後破綻をしないためにするべきことではなく、これをしてしまったら老後破綻に直行しますよという、「やってはいけない」お金の話をします。

定年前後の5年間、お金との付き合いには罠がいっぱいあります。定年後の生活が始まる前に破綻してしまう人もいるくらい、とっても危険な罠です。

この時期は、月々の収入は減りますが、退職金を手にするときです。普段、見たこともない大金を手にして気持ちが大きくなっています。そんなときに、名だたる金融機関が巧妙に仕掛けてくるので、誰でも罠にはまりやすいんです。

たとえば、現役時代には、投資話に耳を貸さなかった人が、株式投資やFXなどに退職金をつぎ込んでしまいます。ほかにも、豪華な海外旅行、高級外車の購入、外貨建て生命保険の契約、家の購入、地方移住など、挙げればキリがありません。

私は、この定年前後の5年間を、ひそかにこう呼んでいます。

「カモ期」

金融機関の甘い言葉に乗せられてカモにされるという意味もありますが、それよりも、気持ちが「カモ」になってしまうことが多いからです。

「退職金もらってお金持ちになれたのカモ」
「俺ってまだまだイケてるカモ」
「定年後、逃げ切れるカモ」

自分はきっとうまくいくと思い込んでいるけれども、実際には悲惨な状況に陥ってしまうことが、定年前後の5年間に起こることが本当に多いのです。

でも心配しないでください。本書を手にしてくださったあなたが、カモ期の危険な罠にはまらないように、私が実際に本人たちから聞いた悲惨な話をもとに、その実態と対策をしっかり解説します。

50歳を過ぎたらするべきこと、してはいけないことを、しっかり知っておけば、お金のことで老後が不安になることは、きっとなくなるでしょう。

目次

CHAPTER 01

第1章

本当に1億円も老後資金が必要なの？

CHAPTER 02
第2章 50歳を過ぎたらやってはいけない「収入」の話

CHAPTER 03

第3章 50歳を過ぎたらやってはいけない「投資」の話

CHAPTER 04
第4章
50歳を過ぎたらやってはいけない「保険」の話

CHAPTER 05

第5章

50歳を過ぎたらやってはいけない「預金」の話

CHAPTER 06
第6章 50歳を過ぎたらやってはいけない「介護と相続」の話

CHAPTER 07

第7章 50歳を過ぎたらやってはいけない「家計」の話

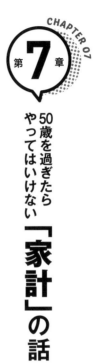

CHAPTER 08

第8章

50歳を過ぎたらやってはいけない「老後生活」の話

CHAPTER 01

第1章

本当に1億円も老後資金が必要なの？

「定年までに1億円」というウソをばらまく人たち

金融機関が仕掛けている罠

以前、日本で最も有名な経済新聞の紙面に、あるファイナンシャルプランナー（あえて名を伏せますが）が試算した、こんな記事が掲載されたことがあります。

この記事に書かれていることは、はじめにで触れた「２０００万円問題」が控え目に思えるほどのインパクトを持っています。さあ、声に出して読んでみましょう。

「60歳以降に必要な生活資金は夫婦２人で1億１７２０万円。単純計算で30年前よりも２０００万円ほど増えた。一方、退職金・年金は大企業平均で約７０００万円。不足する５０００万円弱は自分で用意する必要がある」

おおおお！　５０００万円ですか。もう、こんな記事を見たら、自分の通帳など開きたくなくなりますよね。だって、60歳になった時点で５０００万円もの金融資産を持っている人など、ほとんどいませんから。

記事の続きを読んでいくと、この1億１７２０万円というのは、どうやら相当余裕を持たせて算出した金額と書かれているので、まあ一安心というわけですが、それでも気になるのが、退職金と年金で約７０００万円ってこと。こんなにもらえます？

記事では「大企業平均で」と書かれているので、大半の人はこの７０００万円もアテになりません。この試算を弾き出したＦＰは、「大企業でも、現在の退職一時金は２０００万円から２５００万円くらいが一般的です」と言っていますが、日本で大企業に勤務している人というのは、全勤労者の3割程度です。

中小企業の退職金なんて１０００万円前後ですから、60歳以降の夫婦2人の生活で不足するお金は５０００万円ではなく６０００万円以上ということになります。

どうすればいいのでしょうか。誰もが不安な気持ちになりますよね。

その不安心理をうまく利用するのが金融機関です。株式に投資しましょう、投資信託を買いましょう、ドル建ての生命保険はいかがでしょうか、ロボアドも、FXも、仮想通貨もなんでもござれ、ということで、いろいろな投資商品を買わされます。

もちろん儲かることもあります。でも、**いままで投資の「と」の字も経験したことのない人が、いきなりこんなギャンブル要素の強い投資商品に手を出したら、それを売りつけた金融機関の思う壺です。**

はっきり申し上げますが、金融機関は、あなたが投資で失敗して大損を被ったとしても、痛くもかゆくもありません。彼らは、あなたに投資商品を販売することで手数料が稼げれば、それでいいのです。

50代になると、「お金が足りないかも」という焦りが高じて、こうした金融機関からの勧誘に引っかかりやすくなります。

毎月の収支が黒字なら破綻しない

本当に60歳までに6000万円ものお金をつくらなければならないのかということを、もうちょっと冷静に考えてみましょう。

結論から言いますね。必要ありません。そんな額のお金なんて。

第一、いまから、そんなお金を準備しなさいと言われたら、目の前が真っ暗、生き

毎月の収支が黒字なら破綻しない

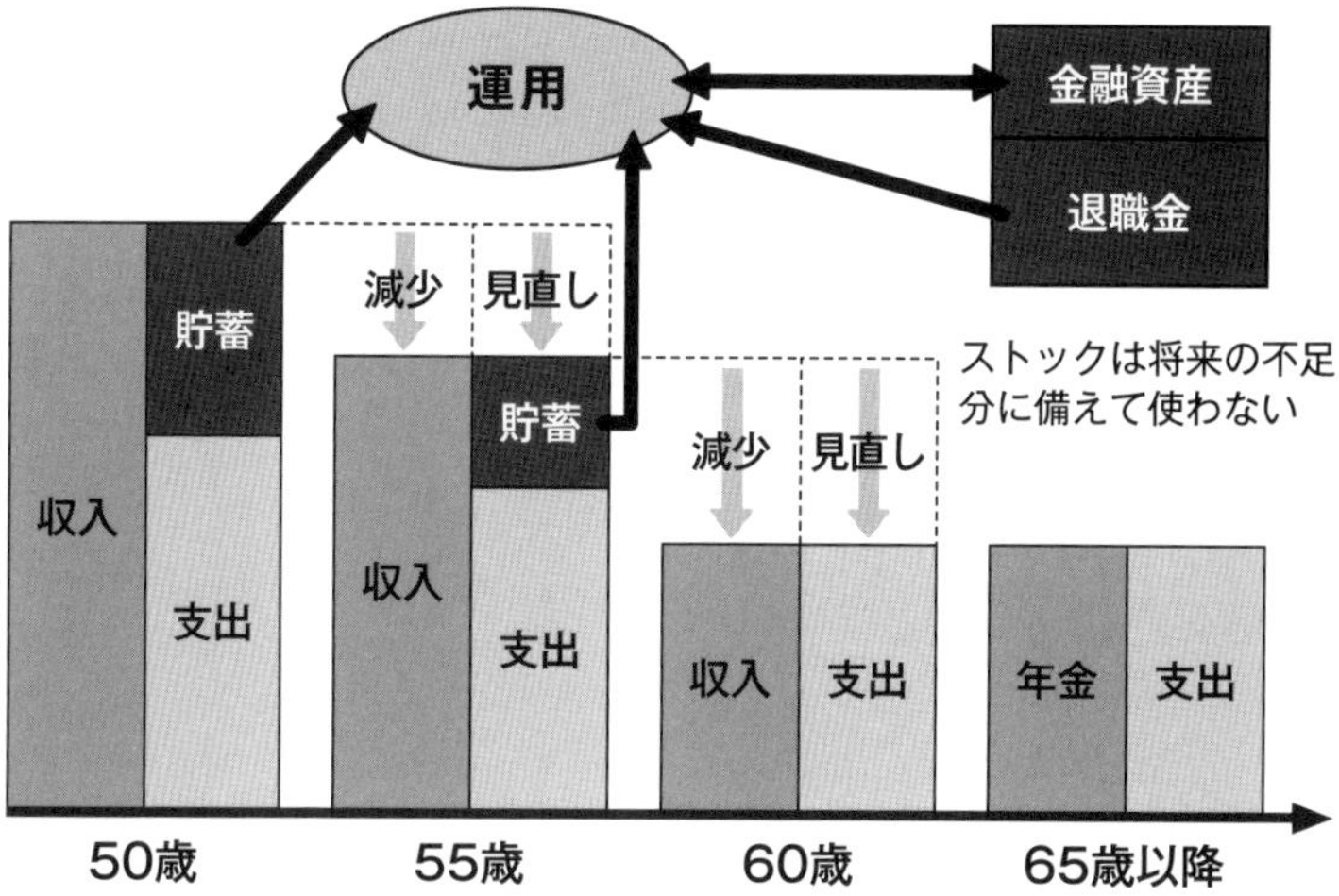

ていくのがつらくなりますよね（笑）。もっと現実的に、お金と向き合いましょう。

私は一時期、夫の会社の仕事を手伝っていたことがあるのでわかるのですが、会社って莫大な借金を抱えていても、ある点だけしっかりしていれば倒産しません。なんだかわかりますか？

それは、毎月の収支が黒字であることです。

これを会社の財務用語だと「キャッシュフロー」なんて難しい言葉で説明しますが、要は、ちゃんとモノやサービスが売れて、支払いに見合うだけの収入があれば、会社は倒産しません。会社が倒産するのは、支払いに必要な収入がないときです。つまり入りと出の辻褄さえ合っていれば、会社の経営は継続できるのです。

これを家計にも当てはめて、老後の資産設計を考えてみましょうというのが、本書のアプローチです。ちゃんと収入と支出の管理さえできていれば、60歳までに6000万円などという大金を貯め込まなくても大丈夫です。

もちろん、だからといって貯蓄ゼロでもいいなどと言うつもりはありません。いざというときに備えて、いくばくかの貯蓄は必要です。

でも、**世間で流布されているような、5000万円や6000万円といった大金をつくる必要はどこにもありません。月々の支出をきちんとコントロールして、収入の範囲内で生活すればいいのです。**

しかも会社員なら、なおのこと手厚い社会保障が用意されていますから、老後のお金について、いたずらに不安がる必要はありません。

「老後の生活には1億円以上かかる」といったコケ脅しに騙されないよう、まずは冷静に自分の足元を見直してみましょう。何よりも、老後不安に押しつぶされて思考停止になるのが、一番いけません。

実際の老後資金はいくら貯めればいいの？

50歳からの貯蓄目的は老後の生活資金

30代、40代なら、お金を貯めるにもいろいろな目標があったと思います。子供の教育費、持ち家を買うための頭金、旅行、自動車、ブランドのバッグ、洋服など、やってみたいこと、買いたいものがたくさんあって、それらに必要なお金を貯めては使うことを繰り返してきたのではないでしょうか。

でも、50代になると、子供の教育費はほぼ終わりですし、60歳前後になってから家を買う人も少ないと思います。自動車も近所の買い物だけとなれば軽自動車でいいでしょうし、ブランドものの洋服を次々に買い替えるほどの物欲もなくなります。

となると、50代にとって貯蓄することの一番の目的は何でしょうか。

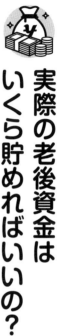

これはもう、老後の生活資金に尽きると思います。

ただ前述したように、6000万円の貯蓄をつくる必要はありません。**目標とする金額は、75歳になるまでに100歳までの25年間のお金をつくることです。**

非常にざっくりとした数字になりますが、共働き夫婦が厚生年金で確保できるお金は月30万円程度でしょう。このお金はよほどのことがない限り、大幅に減額されることはなく、生涯受け取り続けることができます。

夫と妻で分けたとしたら、1人につき15万円になります。

75歳以降の終の棲家を、有料老人ホームにしたとしましょうか。入居一時金の額は施設にもよりますが、ここでは少し高めに1000万円で考えてみたいと思います。月額利用料が1人につき15万円以下なら、月々の年金で賄えます。

そうすれば、**夫婦でお互い1000万円ずつ、合計で2000万円の資金があれば、有料老人ホームに入れます。**

日々の食費などは月額利用料に含まれていますから、あとは自分の葬儀費用と、臨時的な出費があったときに対応できるお金が少々あればいいと思います。

退職金をご褒美と考えない

気が遠くなる人もいるかも知れませんが、会社員の方々は退職金があります。長年、夫婦共働きで、お互いに退職金が入ってきたら、おそらく２０００万円くらいは何とかなるでしょう。

もちろん、退職金の額は勤続年数や、所属していた会社の規模によって違ってきますが、ある程度長く勤めていた人であれば、１０００万円程度は払われるはずです。

詳しくはあとで触れますが、**退職金を「ご褒美」などと考えず、これから必要になる生活費だと思って確保しておけば、強い武器になります。**

もし、退職金が少なかったら、入居一時金が１０００万円の施設ではなく、５００万円に引き下げるとか、条件次第ではもっと入居一時金が安いサービス付き高齢者向け住宅にするなど、柔軟に対応すればいいでしょう。

50歳を過ぎたら、お金のことをゴールから考える

50代はライフプランが立てやすい

30代、40代の方で、自分の将来が不安という理由で、ＦＰに相談する人がいます。そのとき、ＦＰは、相談者の家族構成や将来の収入見通し、イベント、それに伴う支出のバランスを見ながらキャッシュフロー表を作成して、お金に困らないように一緒になって考えます。

もちろん、何もしない人に比べれば、ＦＰを訪ねて自分の将来設計をしようという意識は素晴らしいことだと思います。が、問題が1つだけあります。**もし相談者が30代だとしたら、まだまだ人生の先は長く、その間には予期できなかった事態に巻き込まれる恐れがあることです。**

たとえば勤めている会社が倒産して無収入の時期が続いてしまうとか、離婚するこ

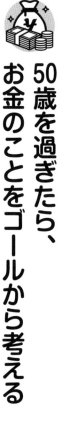

とになって財産分与せざるを得なくなる、あるいは重い病気に罹り莫大な医療費がかかるなど、実にさまざまな不測の事態が考えられます。

こうした不測の事態に巻き込まれると、大概の場合、大きな出費を強いられます。人生設計も大きな変更を余儀なくされるかも知れません。

でも、**50代になるとライフプランが立てやすくなります。理由は、不測の事態が起こりにくくなるからです。**

もちろん、病気に罹るリスクは年齢が上がるほど高まりますから、医療費が想像していた以上にかかるというケースはありますが、よほどの大病でもしない限り、その後の人生設計をすべて見直さざるを得ないほど莫大な支出を強いられるようなことにはならないでしょう。

勤務先の倒産については、もう残り10年程度ですし、50代も半ばになれば、役職定年や雇用延長で収入が減っていきますから、これから稼ぐ30代、40代に比べれば、倒産によって被る不利益は小さくなります。

また、おおよその年金額も事前に知ることができます。

50歳からはライフプランが立てやすい

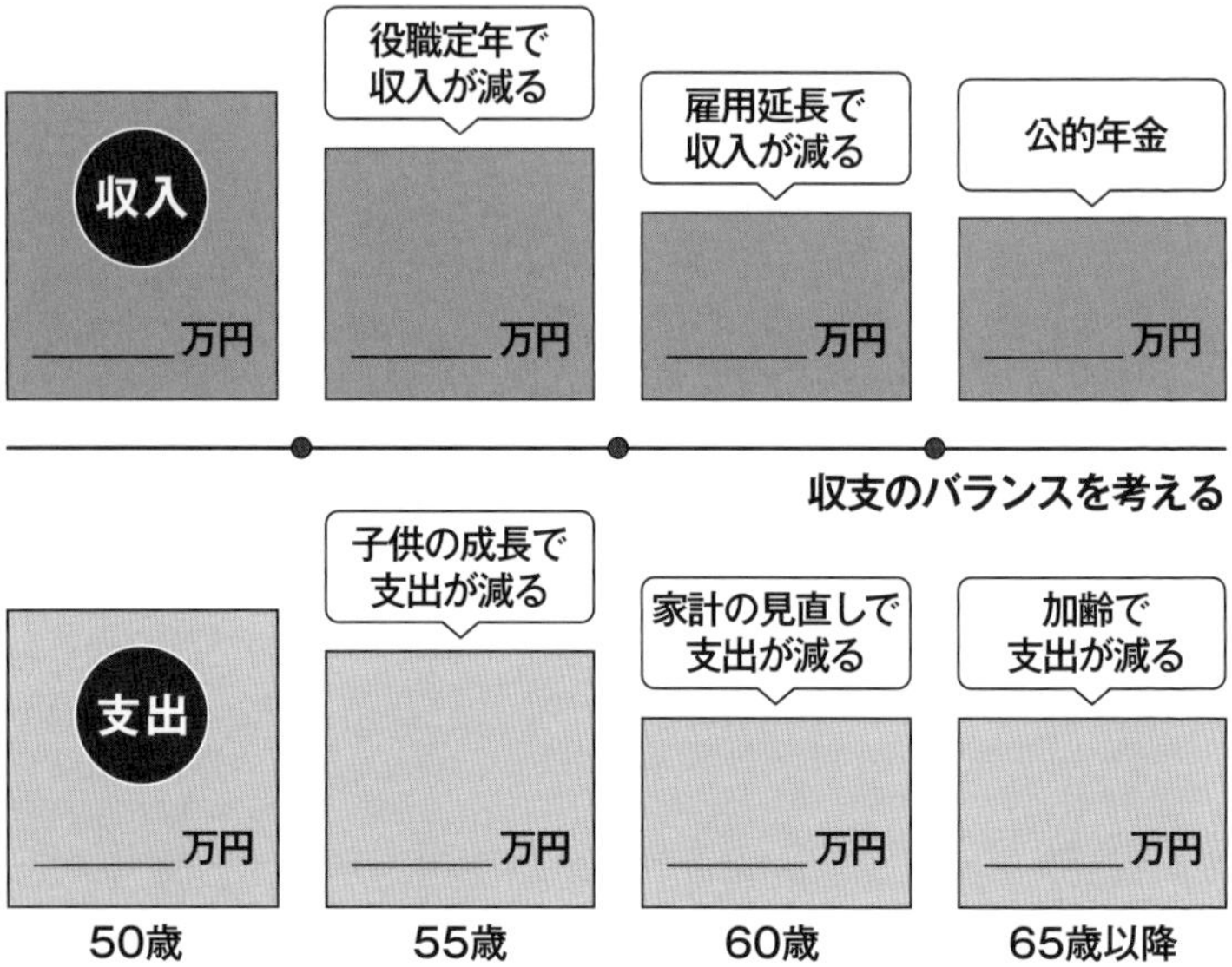

強いて挙げるとしたら、熟年離婚リスクですが、お金のことを考えると、本当にお互いにとって不利益につながるので、よほどのことがない限り、離婚するべきではないと思います。もし、どうしても我慢ならないなら、別居すればいいでしょう。

このように考えると、**50代以降は自分の人生に大きな波風が立つケースが減っていくので、キャッシュフロー表を作成しても誤差が生じにくくなると言えるのです。**

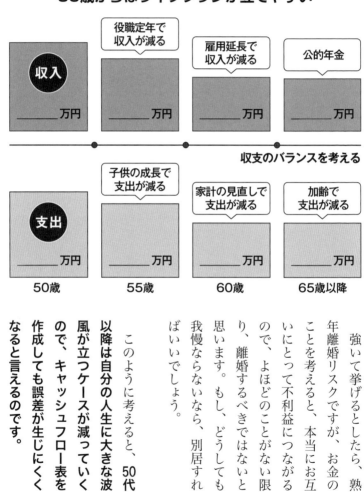

ただし、**キャッシュフロー表をつくるときには、ゴール設定が大事です。**

キャッシュフロー表のつくり方ですが、よくあるケースは、いまを起点にして将来がどうなるのかをイメージしながら作成するというものです。

たとえば、30歳男性として、32歳で結婚、35歳で第一子、37歳で第二子が生まれ、40歳までに夢のマイホーム。それぞれ子供が学校に通い、57歳のときに第一子が、59歳のときに第二子が独立。60歳で雇用延長。65歳で定年というように、プランを組み立てていくわけです。

しかし、このやり方だと、そもそも収入というキャッシュフローが今後、どのようになるのかわからないので、どうしても保守的な見積もりになってしまいがちです。結果、あれもできない、これもできないということになりがちで、将来に対して悲観的な見方になってしまいます。

だから私は、**いまを起点にするのではなく、まずゴール設定ありきの発想が大事だと考えています。**

目標額をいつ、どのように貯めるか？

50代のあなたがお金を貯める目的は、年金以外の収入がなくなったときでも、子供たちに頼ることなく生きていける環境をつくること、ということにしましょう。

具体的には、夫婦で有料老人ホームに入るという目標です。

一番簡単なのは、前述の夫婦共働きで、お互いに1000万円の退職金が得られ、かつ15万円程度の年金が得られるケースです。これなら1000万円の入居一時金は、使わずにとっておいた退職金を充て、月々の利用料は年金で支払えば済む話です。

このケースで大事なことは、65歳で定年になり、75歳になるまでの10年間、年金を受け取るとしたら月いくらなのか、それに対して支出はいくらなのかを計算して、「収入の範囲で生活する」ことです。これが守れないと、それこそ老後破綻の道をたどることになります。

問題は専業主婦の場合です。退職金が１０００万円で、夫婦の月々の年金が25万円だとしたら、まず入居一時金で１０００万円が不足します。加えて月額利用料が15万円の施設だとしたら、夫婦で30万円を払う必要があるので、年金だけだと5万円の赤字になります。なので、この部分を貯蓄しなければなりません。

老人ホームへの入居を75歳として、お互い１００歳まで生きるとすると、25年間で月々5万円の赤字ですから、総額で１５００万円になります。これに入居一時金の不足分１０００万円を上乗せした２５００万円を、75歳の時点で用意しておく必要があります。

75歳までに２５００万円を貯めるというゴールが決まったら、あとは逆算して、どのように貯めるかを考えれば済む話です。

ただし、雇用延長に応じて働くとすると、60歳からは収入が大きく減ります。なので、実際に貯められるのは50歳から60歳までの10年間だと考えてください。年を取ると支出が減ると言っても、収入の減り方のほうが大きいので、50代のうちに、積み立てるか、貯蓄を運用して老後資金を確保することが現実的です。

あとは、**現金化できそうな資産を棚卸することです。**

持ち家の人は、住み替えをしたらいくらお金がうくのかを把握しておきましょう。もし１０００万円くらいになれば、老後の生活は一気に安定します。

そのほか、貴金属の類も、好きで好きでどうしても手放したくないというのでなければ、売却をお勧めします。もう老人ホームに入ったら、宝石ジャラジャラで外出することもなくなります。

50代、60代のうちは、おそらく１００万円、２００万円くらいのお金は、意外とあっさり使ってしまうものなので、その意味ではお金の持ちが悪いわけですが、70代、80代になるとそうそう使う機会もないので、１００万円の持ちがよくなります。

だからこそ、自分が持っている資産の棚卸をして、現金化できるかどうかを把握しておきましょう。

50歳から10年間で１０００万円貯めるには？

投資初心者は株やＦＸよりも投資信託

ご存知のように、いまは預貯金金利がほぼ０％という金利情勢ですから、10年間で１０００万円の金融資産を築くためには、毎月約９万円の積立額を維持する必要があります。

もちろん、**株式投資やＦＸで稼ぐという手もあるのですが、この手の投資は大きなリターンが得られる反面、大きな損失を被る恐れもあります。**本書を手に取られる方は、おそらく投資経験が少ない、もしくは全くないという人が多いと思いますので、あえてこの手の運用はお勧めしません。

50歳からの10年間、多少のリスクはあっても資産を増やしたいと考えるなら、投資

信託を活用するのがいいでしょう。

投資信託にもさまざまなタイプがありますが、もし、全く金融資産の保有額がゼロで、一から資産運用をスタートさせるなら、世界中の株式と債券に分散投資する投資信託がお勧めです。個人的には、セゾン投信が運用している「セゾン・バンガード・グローバルバランスファンド」のように資産形成のお手本のようなファンドがいいのではないかと考えます。

もちろん投資信託ですから、値下がりすることもあります。このファンドも過去において、2008年のリーマンショックのときなど、一時的に大きく値下がりしました。しかし、その後の世界経済の成長を受けて、このときの値下がりを埋めて、さらに値上がりしています。

基本的に、世界中の株式と債券に分散投資すれば、その運用利回りは世界経済の成長率とほぼ一致するはずです。現在、世界経済の成長率は3～4%程度なので、10年程度の運用期間でこの程度の運用利回りが得られる可能性は高いと考えられます。

もし、年4%の利回りが期待できるとして、10年後に1000万円の金融資産を持とうとしたら、月々の積立金額は約７万円です。あるいは毎月10万円を積み立てられるとしたら、年４％の運用利回りで10年間積み立てると、最終的に１４７２万円の金融資産を持つことができます。

もちろん、あくまでも期待リターンによるシミュレーションですから、その通りになる保証はありませんが、投資信託で積み立てた場合、この程度の投資効果は期待できるということです。

60歳の時点で金融資産が、退職金と合わせて、２０００万円を超えていたら、老後の生活はかなり安泰です。

非課税口座を利用する

もう１つ、**50歳からの資産運用で活用したいのが、非課税口座の利用です。**

「つみたてＮＩＳＡ」や「ｉＤｅＣｏ」など、いずれも運用で得られた利益に対して課税されません。

つみたてＮＩＳＡは２０３７年までの時限的措置ですが、毎年40万円を上限に積み立てた資金から得られる運用収益が非課税になります。夫婦２人で各々、つみたてＮ

ＩＳＡの口座を開設できるので、年間80万円の非課税口座が認められます。10年間の積立で、合計８００万円が非課税運用できるのです。

それとともに、ｉＤｅＣｏという個人型確定拠出年金を利用すると、企業型確定拠出年金がない企業に勤務する第2号被保険者（会社員）の場合、月２万３０００円を上限に拠出した掛金の全額が所得控除になり、さらに運用収益も非課税です。また、ｉＤｅＣｏは第3号被保険者（専業主婦）も加入でき、その拠出額の上限は２万３０００円です。

つみたてＮＩＳＡにｉＤｅＣｏも合わせると、夫婦２人で満額積み立てた場合、合計で毎年１３５万２０００円が非課税で積み立てられます。これを10年間続ければ、合計で１３５２万円の金融資産を築くことができます。

しかも、この金額はあくまでも元本ベースです。

毎月2人でつみたてＮＩＳＡに6万６０００円、ｉＤｅＣｏで4万６０００円の合計11万２０００円を、年4％で運用できた場合、10年後の額は１６４９万１９７８円、年8％で運用できた場合は２０４８万９９５６円になります。これだけの金融資産があれば、お金の不安のない老後を過ごせるでしょう。

ちなみに金融広報中央委員会が毎年行っている「家計の金融行動に関する世論調査」によると、50代で金融資産を保有していないと答えた人の回答比は17・４％でした。全体の８割の人は何らかの形で金融資産を保有しており、保有額の中央値は１１８６万円です。

全く金融資産を保有していないという人は、「いまさら始めても遅いし」などとあきらめムードに陥りがちですが、何事も始めるに遅いことはありません。

貯蓄も全くのゼロよりは、１００万円でも２００万円でもあれば、何かのとき、必ず役に立ちます。

その意味では、毎月10万円の積立金額が厳しいのであれば、５万円でもいいのでとにかく積立を続けることが肝心です。

50代のうちに いまの生活を改めましょう

収入は確実に減っていく

老後破綻しないために、ゴールの目標額を貯めることと同時に、もう1つ大事なことがあります。最初に書いたことです。覚えていますか？

毎月の収支を黒字にする。

そのために必要なことは、これからの収入や支出がどう変わるのかを知ることです。まずは、収入がどう変わるのかを見ていきましょう。50代の会社員であれば、これから先、いくつかの時点で給料が減っていく現実に直面します。

まず、**55歳前後になると「役職定年」を迎えます。**

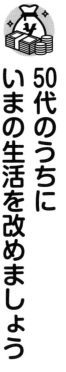

これは会社の制度によって違ってくるのですが、一定の年齢に達すると、いまの役職を降りるという儀式が待っています。万年課長だった人も、役員一歩手前の部長だった人も、全員が平社員になります。ここから先、出世の階段を登っていけるのは、本当にごく一部の人です。

役職定年になると、給料が減らされます。部長から平社員になるのですから、止むを得ません。どのくらい減るのかは会社によっても異なりますが、２割程度は下がるようです。

この時点でかなりモチベーションが下がってしまう人も多いようです。昨日まで周りの社員から「部長！」と呼ばれ、チヤホヤされてきたのが、今日からいきなり一兵卒になるわけですから、モチベーションがダダ下がりになるのも無理はありません。

そして、役職定年から5年後。**今度は、雇用延長期間に入ります。**

従来、多くの企業は60歳定年制を採っていましたが、昨今は人生１００年時代などと言われ、さらに人口減少社会のなかで労働人口が減っていることから、60歳からは雇用延長期間として65歳まで働ける環境を整えている大企業が増えています。

とはいえ、ここでもお金の問題に直面します。**雇用延長に応じると、給料がさらに**

大幅カットになるのです。もちろん企業によって異なりますが、私が知っている某大手銀行では、時給1300円での雇用になります。

仮に8時間働いたとして日当が1万400円。1カ月20日働いたとして20万8000円。年収にして249万6000円。

つい5年前までは「部長！」と言われていた人が、60歳以降は年収約250万円ですから、モチベーションもダダ下がりなんてものではないでしょう。でも、これがいまの雇用延長の現実なのです。

そして65歳になると、めでたく年金生活が始まります。

これがちょっと驚きなのですが、年金生活になっても、自分の収入はそれほど減らないと思っている人が、ときどきいらっしゃいます。

「僕は現役時代、たくさん給料をもらっていたし、たくさん年金保険料を払っていたから、現役時代の給料と同じくらいの年金はもらえるはず」ということなのですが、それは大きな間違いです。

現役時代の給料と同額の年金が出る制度など、あり得ません。

どの程度の受給額になるのかは、毎年、誕生月に郵送されてくる**「ねんきん定期便」**を見れば、おおよその額はわかります。確実にその額が受け取れるというわけではありませんが、それにほぼ近い金額が受給できると思っていいでしょう。

現役時代の収入に対して年金の受給額がいくらになるのかは、国がモデルを示しています。この「モデル」というのがまた曲者なのですが、大まかな数字で申し上げると、現役時代の所得に対して62％というのが、平均的な年金の受給率です。もう少し具体的な数字でいうと、**夫が会社員で妻が専業主婦の夫婦で、年金の受給額は月22万円程度です。**

雇用延長に応じていたときの時給１３００円に比べると、総収入は年金を受給するようになってからのほうが増えるといえば増えますが、現役でバリバリ働いていたときと比較すれば、確実に減ります。

支出も確実に減っていく

次に、60歳以降の生活を見てみましょう。

60歳から64歳の消費支出（月額平均）

項目	金額
食料	7万7756円
住居	1万6321円
光熱・水道	2万3317円
家具・家事用品	1万2445円
被服及び履物	1万1352円
保健医療	1万4150円
交通・通信	4万6370円
教育	3457円
教養娯楽	2万8800円
その他	7万0632円

（出所）　総務省「家計調査報告（2018年）」。

家計調査報告によると、60歳から64歳の2人以上の世帯の消費支出は月額平均で30万4601円です。対して収入ですが、時給1300円で1日8時間勤務したとすると、月額は20万8000円ですから、すでに9万円近い赤字になります。

ちなみに30万4601円を支出別に見ると、上の表のようになります。

あくまでも平均値なので、この数字を額面通りに受け止める必要はありません。個々人の差もありますし、平均値はより大きな額に引っ張られる傾向がありますので、もっと金額を抑えることができるはずです。

たとえば、通信費は格安スマホに変

えるだけでもずいぶん下がります。私も含め中高年は若者のようにやれインスタだ、動画だというほどスマホを使いこなしてはいないでしょうから、格安スマホであっても十分です。

食費についても、外出先でちょっとお茶したり、コンビニで無計画に食材の買い足しをしたりといった、プチ浪費を避けるだけでも家計はずいぶん引き締まります。実際なんとなく使っていた「使途不明金」を家計アプリで見える化するだけで、月4万円もお金が浮いたという方がいらっしゃいました。まさにレコーディングダイエットと同じ効果が得られたわけです。

また、これまで「仕事に頑張っている私の癒し」として使っていたマッサージ代を、朝のストレッチを習慣化させて減らしたという方もいらっしゃいました。長年、こんなもんでしょ、と思い込んでいた支出も、見直せるポイントはたくさんあります。

とにかく働くことが大前提

60歳から65歳までの時期を、年金の繰上げ受給でしのごうなどという考え方をしてはいけません。詳しくは後述しますが、年金を繰上げ受給してしまうと、65歳以降に受け取れる年金の額が大幅に減額されてしまいます。ですので、**雇用延長でも何でもいいので、働けるうちは働くことを心がけてください。**

そして、**月々の支出は収入の範囲内に必ず収めるようにすることです。**

よく「現役時代の浪費癖が治らず、60歳以降の家計が大赤字に」などという、こけおどしのような記事をときどき目にしますが、それは何も考えずに60歳を迎えるからです。そこから急に生活スタイルを変えようとしても絶対に無理です。

だからこそ、**50代になった時点で、60歳以降の生活をイメージして、徐々に生活規模をダウンサイジングしていくことが大事なのです。**それさえきちんとできれば、60歳以降の収支が赤字になることはありません。

そして定年といえば、退職金が支給されます。勤め先や勤続年数によって金額は異なりますが、だいたい1000万円程度と考えておきましょう。

普段は目にしないような金額のお金が自分の銀行口座に振り込まれますが、ここで気を緩めてはいけません。

この1000万円は、夫婦で有料老人ホームに入居する際に必要となる大事なお金です。間違えても浪費してはいけません。

運用するにしても、元本割れリスクが極めて低い安全な資産で運用することをお勧めします。これも詳しくは後述しますが、退職金が入金されたら、そのまま10年物の個人向け国債を買うのがいいでしょう。

さて、こうして65歳までを乗り切って定年を迎えました。

ここから先は年金生活です。厚生労働省が発表した２０１９年度の年金額は、厚生年金の場合、夫婦で月額22万１２７７円でした。ちなみに前出の家計調査報告によると、65歳以降の消費支出は月額平均で25万５５５円なので、60歳から64歳までの消費支出に比べて５万４０００円ほど減っています。

生活水準は60歳から64歳までと同様、月額20万円生活をできるだけ維持してください。それが可能なら、老後破綻することなく、収支トントンで生活を続けられます。

定年前後の「カモ期」には お金の罠がいっぱい

老後の資金繰りについて不安がる必要はない

「老後破綻」「下流老人」「老後難民」といった言葉も、老後の生活に対する不安感を煽るキーワードです。ここ数年で、ワーッと広がってきました。本のタイトルになったものもありますし、雑誌でも随分と取り上げられていたと記憶しています。

メディアがこぞって取り上げると、どうも世の中の人たちというのは、それが自分たちに訪れる運命であるかのように捉える傾向があります。

冷静に考えれば、そんな状況に陥るリスクはかなり低いのに、「自分の身にもそういう不幸が降りかかるのではないか」と必要以上に怯え、必要以上に老後を暗く受け止めてしまいます。

繰り返し申し上げますが、少なくとも会社員の場合、自営業者に比べて社会保障が

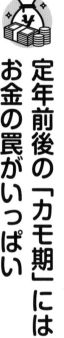

しっかりしていますから、老後の資金繰りについて不安がる必要はありません。

これまで述べた２つのことをすればいいのです。

第1に、50代のうちに、働けなくなったときの資金をつくる。

貯蓄や資産運用でつくるわけですが、５０００万円も必要ありません。退職金が１０００万円ほど見込め、しかも夫婦共働きなら、ほぼ必要ありません。

第2に、働けるうちは働いて、月々の収支を黒字にする。

50代の人は、これから収入が減りますが、支出も確実に減ります。なので、無駄な出費を抑える必要はありますが、無理な切り詰めは必要ありません。

誰にでも訪れる定年前後の「カモ期」

ここまで読んで、なんだ、それなら安心だと思っていただけたでしょうか？

そう思っていただいたのに水を差すようで申し訳ないのですが、この本では、これから大事なことをお話ししたいと思います。

50歳になったら「やってはいけない」お金の話です。

これをやってしまうと、老後破綻に陥る危険性が一気に高まる話です。

定年前後の5年間は、お金との付き合いには罠がいっぱいあります。

本当に50代に入ると、お金の罠がいっぱい仕掛けられていることに気付きます。まるで地雷原を歩いているようなものです。引っかかったら致命傷を負います。

たとえば投資。詳しくは後述しますが、いままで投資をした経験がゼロなのに、なぜかいきなり株式投資やFX、仮想通貨などに手を出してしまう人が後を絶ちません。

ちょっと前のことですが、そろそろ定年かもと思しき初老の男性が、喫茶店で若い男性から執拗に勧誘を受けている場面に出くわしました。

ついつい何を勧めているのかを聞いていると、仮想通貨なのです。「簡単に倍になりますよ」とか、「これで老後のお金は安泰です」などと、60歳前後の人が思わずグラッとくるような言葉を並べ立てて仮想通貨を買わせようとしているのですが、こんなものを退職金で購入したら、おそらく全額を失うことになるでしょう。この時点で、老後の人生は終わったも同然です。

ほかにも地雷原はたくさんあります。

定年後の豪華海外旅行、蕎麦屋の開業、自分へのご褒美と称した高級外車の購入、年金の繰上げ受給、外貨建て生命保険、家の購入、安易な地方移住、親の介護、熟年離婚……。挙げればキリがありません。

これらの判断を誤ると、必要以上に月々の支払いが増えたり、いままで何とか蓄えた個人資産を根こそぎ持っていかれたりして、人生設計を根本から見直さざるを得なくなります。

いま、あなたは、そんな罠に引っかからないと思っているかも知れません。でも、現役時代には、投資話に耳を貸さなかった人が、定年前後になると、罠にかかってしまうケースが多いのです。

私は、この定年前後の5年間を「カモ期」と呼んでいます。

金融機関の甘い言葉に乗せられてカモにされるという意味もありますが、それよりも、気持ちが「カモ」になってしまうことが多いからです。

「退職金もらってお金持ちになれたのカモ」（↓いやいやなれていませんから）

「俺ってまだまだイケてるカモ」（↓いやいやイケてませんから）

「定年後、逃げ切れるカモ」（↓いやいや逃げ切れませんから）

このように、自分はきっとうまくいくと思い込んでいるけれども、実は決してそんなことはなくて、むしろ大変な状況に陥ることが、定年前後の5年間に起こることが本当に多いのです。

次章以降、50代になったらやってはいけないお金の話とその対策を解説します。ケースとして登場する悲惨な末路に陥った方々は、もちろん本人が特定できないように話を加工していますが、実際に、私が本人から聞いた話です。

CHAPTER 02

第2章

50歳を過ぎたらやってはいけない「収入」の話

退職金を「ご褒美」と勘違いした人の悲惨な末路

Aさんは中堅企業の部長さん。この会社には役職定年制度がなかったので、部長という肩書のまま60歳で定年を迎えました。

退職日の数週間前から毎晩のようにご苦労さん会が開かれ、退社日当日は立派な花束が手渡され、大勢の部下に見送られて、大学を卒業してから38年間、働き続けた会社を後にしました。

再就職の話はもちろんあったのですが、Aさんはそれを断りました。いままで38年間、平日はもちろんのこと、土日も取引先との接待ゴルフ漬けの日々だったので、これまで苦労をかけてきた奥様孝行をしながら、しばらく自分自身の英気を養おうと思ったのだそうです。

ちなみに退職一時金の額は、中堅企業としては恵まれているほうで、1800万円が支給されました。

Aさんは、退職金が振り込まれた預金通帳を見て、こう思ったのだそうです。

「本当によく働いてきた。退職金でまとまったお金も手に入ったことだし、いろいろやりたいこともある。まずは妻と船旅だ。会社が定年祝いでくれた退職金だ。ここは豪華に100万円くらい使おう。あとは家の改修だ。水回りがそろそろ傷んできたし、これから年を取ったときに備えてバリアフリーにしておきたい。どれくらいの予算になるのだろう。500万円くらい見込んでおくか。それで残ったお金は、これからの生活費の足しにしよう。しばらくしたら働き始めるし、そうすればまたお金が入ってくるから、これで老後は乗り切れるはずだ」

計画は着実に実行されていきました。

豪華客船の旅は日本近海を9泊10日で巡るというもの。スイートの部屋を取り、2人分のクルーズ代金は当初の予算を少しオーバーして130万円でした。

船旅から戻ってくると、今度は自宅のリフォームです。高齢になっても住み続けられるよう、バリアフリー化するのが目的でした。この工事にかかった金額が700万円でした。これも予算オーバーでしたが、いずれ働けば収入が入ってくるので大丈夫とAさんは思っていて、気にも留めていませんでした。

ついでに、予算外の行動もとり始めました。新しい車を買おうと考えたのです。いまの車はかれこれ10年選手。これからも乗り続けるには、故障などが気になるところ。

いっそのこと新車に乗り換えようと考えました。

奥様も、あまり無駄な出費はしたくなかったものの、これまで長年、大変な思いをして働いてきたのだから、退職金くらい自分の好きなように使わせてあげようという仏心が出て、Aさんの暴走にストップをかけなかったそうです。

新車は、子供がいるときには乗れなかった、スポーツタイプを選びました。近所の人たちからは「若々しくて素敵ですね」と言われ、鼻高々のAさん。このスポーツカーを購入するのに、なんと500万円をキャッシュで支払ったそうです。

さて、豪華客船の旅に130万円。自宅のリフォームに700万円。そして新車購入に500万円ですから、これで合計1330万円が消えました。

Aさんの退職一時金の額はいくらでしたっけ？

1800万円ですね。そこからこれまで支払った額が1330万円ですから、残りは470万円です。さすがにちょっと使いすぎたかなと思ったそうですが、これから一所懸命に働くので大丈夫だろうというのがAさんの読みでした。

でも、十分すぎる骨休めをしたAさんが、再就職のために就職活動を始めたのは、定年退職してから1年が経過していました。いくら履歴書を送っても、返ってくるのは「ご希望に添うことができず申し訳ございません」という、丁寧なお断りの返事ばかり。Aさんは段々焦ってきました。

前の職場を定年退職して1年間、何もしていなかった61歳の管理職経験者を雇う会社なんて、そうそうありません。ようやく1社、面接に漕ぎつけた会社の面接で、Aさんはこう質問されました。

「いままでどのようなお仕事をなさってきたのですか？」

Aさんは堂々と答えました。

「はい。長年にわたって部長を務めてまいりました」

チーン。終わりです。会社が知りたかったのは、Aさんがどんな専門性を持っているのかであって、どんな役職を務めてきたのかではありませんでした。

当然、この会社からも丁寧なお断りの返事が返ってきました。

退職金はほぼ底をつき、再就職も思うようにいかないAさんの運命は、これからどうなってしまうのでしょうか。

退職金をご褒美と思ってはいけない

大金を目の前にすると冷静な判断ができなくなる

退職金の大きな落とし穴は、それを一時金で受け取ると、預金通帳にたくさんのゼロが並んだお金が、ポーンと入金されていることです。

大企業の部長クラスで定年を迎えたら、退職金の額は２０００万円を超えて３０００万円くらいになるかも知れません。ある日、自分の預金口座に３０００万円ものお金が振り込まれているのですから、気も大きくなるというものでしょう。

何しろ「¥３０００００００」ですよ。

こんなにたくさんの「０」が付いた預金通帳を、これまで一度も目にしたことがないのが普通ですから、舞い上がってしまうのも無理はありません。

でも、**いったん冷静になってください。ここで無茶なことをしでかすと、本当に一**

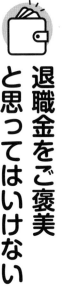

生後悔することになります。

Aさんはまさにその典型的なケースでした。

長年働いた会社を退職して、何となく自分にご褒美を上げたい気分になるのでしょう。その気持ちも痛いほどわかります。

慣れていない人が大金を目の前にすると、どうも冷静な判断ができなくなるようです。いままで投資などしたことがないのに、いきなり投資を始めてしまうなどというのは、まさに典型例でしょう。

ほかにも、まとまったお金が入って「こうしたい」「ああしたい」という誘惑は、いろいろあると思います。

Aさんのように豪華客船の旅とまではいかなくても、高級旅館に泊まるとか、自動車を買い替えるとか、あるいは家の増改築を行うとか、子供の結婚費用を払うとか、退職金を受け取った途端、頭の中で何かが弾けて、ついお財布の紐が緩んで散財してしまうケースは、よく聞きます。

大金を手にすると気が大きくなる人は、くれぐれも注意してください。

浮かれたアタマをクールダウンする方法

退職金はよほどのことがない限り使わないと決めて、中途解約しにくい金融商品にしておくのもいいかも知れません。

たとえば、個人向け国債です。変動金利型の個人向け国債は償還までの期間が10年あり、中途解約すると直前2回分の利子相当額に0・79685を掛けた分が差し引かれます。

個人向け国債は元本保証なので、元本割れはありませんが、中途解約すると、本来なら得られた利子が目減りしてしまうため、安易に中途解約しようとする行動を抑える効果が期待できます。

また、それとともに購入してから1年間は解約できません。本来なら、これはデメリットになる要素なのですが、こと退職金の運用先として考えれば、購入して1年間解約できないのは、大いにメリットとなります。なぜなら、**退職金をもらって浮かれている頭をクールダウンさせる効果が期待できるからです。**

前述したように、ある程度まとまった退職金をもらった直後は、何に使うか、あるいはどうやって運用するかなど、なかなか考えがまとまらない時期でもあります。そういうときに魔が差して無駄な使い方をしてしまう恐れがあるのですが、退職金全額で個人向け国債を買っておけば、1年間は解約が認められないので、その間、冷静に退職金の使い道、運用方法を考えることができます。

個人向け国債は、証券会社だけでなく、メガバンクや地方銀行、全国の農協、信用金庫、信用組合、労働金庫、ゆうちょ銀行などで扱っていますから、簡単に購入手続きができます。

ただし、これらの金融機関の窓口で「個人向け国債を買いたいのですが」と言ったとき、**窓口の人が笑顔で「お客様、もっと有利な投資信託がありますよ」とか、「この保険商品で運用してみてはいかがですか」と勧誘してきたときは、絶対に耳を貸さないでください。**

ましてや、1000万円、2000万円というかなりまとまった資金で個人向け国債を買おうとすると、彼らは絶対といっていいほど、別な金融商品を勧めてきます。なぜなら個人向け国債を販売するよりも、投資信託など他の金融商品を買わせたほうが、彼らにとってより多くの手数料が入るからです。

後で詳しく触れますが、金融機関の窓口担当者は、金融商品の売り子さんであると考えてください。**彼らは何とかして自分たちがいま、売らなければならない金融商品を買わせようとします。それが彼らの仕事なのです。**

もう1つ、退職金の無駄遣いをしなくなる考え方をご紹介しておきましょう。

実に単純なことなのですが、**受け取った退職金の総額を、いまの自分の生活費で割ってみるのです。**

たとえば、受け取った退職金が1800万円だとします。そしていまの月々の生活費が30万円だとしましょう。いずれ生活費は徐々に減っていくとしても、ある種、自分に脅しをかける意味も含め、いまの生活費で割ってみてください。

1800万円÷30万円＝60

つまり60カ月ですね。ということは、わずか5年しか持たないのです。この数字を頭に入れておけば、1円たりとも退職金を浪費しようと思わないはずですが、いかがでしょうか。

退職金の平均額を信じてはいけない

大卒と高卒の差は８００万円！

定年後の収入として、退職金は年金と並んでとても大事です。ここまで読めばご理解いただけるかと思いますが、**退職金は定年後の生活費、あるいは自分が有料老人ホームなどの施設に入る際の入居一時金などに充てることのできる、とても重要な資金源です。**くれぐれも無駄遣いはしないことです。

ところであなたは、自分が定年になったときに受け取れる退職金がいくらになるか、おわかりでしょうか。「２０００万円くらい？」と思っている方もけっこういらっしゃると思います。

厚生労働省が公表しているデータに「平成30年就労条件総合調査」というのがあり、

定年退職者の退職金給付額が掲載されています。それによると、**勤続年数35年以上の大学・大学院卒者の退職金（退職一時金制度のみ）は1897万円です。**

もっとも世の中、大卒者ばかりではありません。大学進学率は上昇傾向をたどり、いまでは全入時代と言われていますが、現在60歳の人が大学に入学した1977年当時の大学進学率は26・4％に過ぎません。大学に行かなかった人のほうがはるかに多かったのです。

では、高卒者の退職金はいくらになるでしょうか。こちらも勤続年数35年以上で比較してみましょう。**管理・事務・技術職の退職金（退職一時金制度のみ）は1497万円、現業職の場合は1080万円です。**

退職一時金で比べると、高卒者の場合、管理・事務・技術職でも大卒者に比べて400万円も少なくなりますし、現業職になると817万円もの差が生じてきます。退職金で800万円の違いというのは、非常に大きいと考えられます。

ただ、この数字は「常用労働者30人以上である会社組織の民営企業」が対象です。当然、ここには何万人もの社員を雇っている大企業も含まれているため、平均値はどうしてもより大きな退職金を出す企業の数字に引っ張られてしまう傾向があります。

退職金の平均額

大学・大学院卒

（万円）

勤続年数	退職一時金制度のみ	退職年金制度のみ	両制度併用
20～24年	1058	898	1743
25～29年	1106	1458	1854
30～34年	1658	1662	2081
35年以上	1897	1947	2493

高校卒（管理・事務・技術職）

（万円）

勤続年数	退職一時金制度のみ	退職年金制度のみ	両制度併用
20～24年	462	487	1239
25～29年	618	878	1277
30～34年	850	832	1231
35年以上	1497	1901	2474

高校卒（現業職）

（万円）

勤続年数	退職一時金制度のみ	退職年金制度のみ	両制度併用
20～24年	390	435	548
25～29年	527	723	746
30～34年	645	794	1157
35年以上	1080	1524	1962

（出所）　厚生労働省「平成30年就労条件総合調査」。

中小企業の退職金の平均額

（万円）

	退職一時金制度のみ	退職年金制度のみ	両制度併用
大卒	1038	878	1690
高専・短大卒	965	611	1595
高卒	1025	746	1502

（出所）　東京都産業労働局「中小企業の賃金・退職金事情（平成30年版）」。

中小企業は大卒でも1000万円！

そこで、中小企業のみで退職金の額がいくらになるのかを調べてみました。全国ではなく、あくまでも東京都内の中小企業を対象にした数字ですが、東京都産業労働局の「中小企業の賃金・退職金事情（平成30年版）」が参考になるでしょう。ちなみにこの統計は、社員数300人未満の中小企業を対象にしたものです。

これによると、**定年を迎えたときの退職金（退職一時金のみ）は、大卒で1038万円、高専・短大卒で965万円、高卒で1025万円です。**

退職一時金と退職年金の併用であれば、ある程度の額を確保できそうですが、中小企業の場合、併用している会社は非常に少なく、退職一時金で支払われるケースが大半です。

ちなみに中小企業庁が公表している「中小企業白書」によると、大企業に勤めている人の数は１４３３万人で、中小企業が３３６１万人となっています。

なんだかんだいっても、大企業の従業員数は、全体の３割弱しかいないのです。日本の会社員の7割は中小企業に勤めているわけですから、自分の退職金の額を２０００万円程度などと考えていると、見込み違いになる恐れがあります。

また退職金と一言でいっても、会社によっては自分で運用責任を負う確定拠出年金だったりするところも多いです。これこそ、自分の運用手腕でその額が変動するのですから、普段からちゃんと意識をしておかなければならない代物です。

なんとなく退職金は2000万円くらい、などと夢をみていてはいけません。

メディアを通じて流布されてくる「退職金２０００万円」は、こと中小企業で働いている方にとっては現実から大きく乖離した数字である恐れが高いので、これを基準にして老後の生活設計を組み立てないように注意してください。

現役のときと同じくらい稼げると思ってはいけない

資格を取っただけでは仕事が舞い込んでこない

第1章で、55歳になったら役職定年で収入は約2割減、60歳以降の雇用延長期間は時給1300円というお話をしました。同じ会社に勤め続ける限り、年収は否応なしに下がっていきます。

では、思い切って転職するというのはどうでしょうか。

自分の得意分野を活かして、ほかの会社に転籍し、そこで現在と同じ程度の給料を得ようという作戦です。確かに、自分が持っている専門領域の知識やノウハウが評価されれば、いままでとそう変わらない給料がもらえそうです。

でも、会社員時代に培った知識やノウハウを活用できる職場は、そうそうないと思います。これは、「60歳　転職」といったキーワードで検索をかけてみるとよくわかります。

事務職だった人は、ほかの会社の事務職にそのままシフトしようなどと考えるのだと思いますが、残念ながらこの手の求人サイトで事務職の募集はほとんど見つかりません。ましてや部長職、課長職といった管理職の求人など皆無に等しいでしょう。

つまり、**いままでと同じ仕事をして、同じような金額の給料をもらうのは難しいということです。**

では、どのような求人が多いのかということですが、求人サイトをざっと見たところ、軽貨物ドライバー、建設現場労働者、新聞配達員、清掃員、タクシー運転手、介護関係、といったものがズラリと並んでいます。

どちらかというと身体を動かして稼ぐ仕事ばかりです。

この手の仕事は、求人広告に表示されている限りにおいては月20万～30万円くらいは稼げるようですが、問題は部長や課長だった人、それも大企業でこの手の要職に就いていた人は、プライドが邪魔をする恐れがあるということです。

「○○銀行の本店部長だった俺が、どうして建設現場で働かなければならないんだ」

というわけですが、これが現実なのです。

少しでもお金を稼ぎたいのであれば、プライドなんて捨ててしまったほうがいいでしょう。それでも、銀行の部長職で得ていた賃金と同額を稼ぐのは、まず不可能です。


そうなると、今度は独立開業を考える人も出てきます。

雇用延長に応じても、転職しても給料が下がるのであれば、思い切って独立開業してしまおうという、実に短絡的な考え方です。

短絡的という言い方は失礼かも知れませんが、あまりにも現実の厳しさを知らずに独立開業を目指す人が少なくありません。なかには、**税理士、公認会計士など士業の資格を取って独立開業しようと考える人もいますが、この手の資格を取ったからといって、向こうから仕事が舞い込んでくるわけではありません。**

独立開業したら士業の仕事とは別に、自分自身で営業をして回らなければならないということでもあります。


ちなみに、私のようなFPも同じです。元銀行、元証券会社、元保険会社というキャリアを持った人が、自身のセカンドキャリアのためにFPの資格を取得するケースはありますが、残念ながら取得しただけでは、食べていくことができません。**「自分はこれができますよ」と常に声をあげ続け、自分自身をアピールして、仕事を獲得していかなければならないのです。**

それができなければ、独立開業の場合、全くお金が入って来なくなります。

独立開業は何となく甘い響きがありますが、営業して仕事を取ってこなければ、ただひたすら無収入が続きます。こうなったら、時給１３００円で雇用延長に応じていたほうが、お金が入ってくる分だけマシかも知れません。

収入が減っても悲観することはない

雇用延長に応じるにしても、転職するにしても、はたまた独立開業を目指すにしても、現役時代の給料を超えられる人は、ごく一握りです。

なので、早ければ55歳になった時点から、徐々に毎月の収入は目減りしていくものと考えて、自分自身のライフプランを考えていく必要があります。

でも、収入が目減りしていくことに対して、必要以上に恐れを抱く必要はありません。収入が減るならば、それに合わせて支出をコントロールすればいいだけの話なのですから。

おそらく、収入が目減りすることを必要以上に恐れている人は、現役時代の支出がずっと続くと思い込んでいるからだと思います。

心配しないでください。**年齢が70代、80代と上がっていくにつれて、お金なんて使わなくなります。**

60代の頃は自分自身も活動的ですし、旅行に行きたい、趣味もしたいという欲求があると思うのですが、年を取れば取るほど、身体が言うことを聞かなくなりますから、行動範囲は狭くなりますし、食べる量も減っていきます。

1人で生活するにしても、終の棲家の確保ができていれば、おそらく月5万円もあれば生活できてしまうのではないでしょうか。

子供がいる夫婦でも、70代、80代になれば子供も親元を離れていきますから、教育費がかかるわけでもありませんし、食べ盛りの子供もいなくなります。生活費は大幅に削減できます。

そう考えると、現役時代と同じ額を稼げなくなったとしても、それを必要以上に悲観することはないのです。

妻を扶養の範囲で働かせてはいけない

103万円の壁

もし夫の収入の範囲内で生活するのが困難というのであれば、妻が働きに出ることも考える必要があります。

専業主婦の場合、「そんなこといっても、いままで働いたことがないから」などと言う人もいらっしゃいますが、現実問題として生活費が足りないという緊急事態に、「いままで働いたことがないから……」という理由は通用しません。

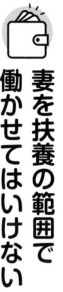

別に正社員になれというわけではなく、パートでもアルバイトでもいいので、夫の収入以外に、もう1つ収入を増やしましょう。

あるいは、すでにパートに出ている奥様もいらっしゃると思いますが、妻が働くときに問題になるのが、「103万円の壁」です。

簡単に言うと、妻のパートで得ている年収が103万円以内なら、税金を支払う必要がないというものです。給与所得控除が65万円、基礎控除が38万円なので、合わせて103万円までなら課税所得が0円となり、所得税がかかりません。

また年金や健康保険などの社会保険料を負担しなくても同等の保障が受けられるのですから、あえて103万円を超えて働こうとは考えなくなります。「夫の扶養のままでいたほうが絶対得ですね」というわけです。これが「103万円の壁」です。


では、月20万円、年収にして240万円で正社員になった場合はどうでしょうか。

年収が130万円を超えると、社会保険への加入義務が発生します（お勤め先の規模などにより年収106万円超より社会保険加入となる場合があります）。健康保険、介護保険、雇用保険、年金の各保険料は給与の約15%ですから、年収240万円だと36万円になります。

また給与所得控除90万円、基礎控除38万円を合わせて年収から差し引くと、課税所得は76万円ですから、支払うべき所得税は3万8000円になります。

妻の働き方は、夫の税金にも影響します。妻の年収が150万円以内であれば、夫

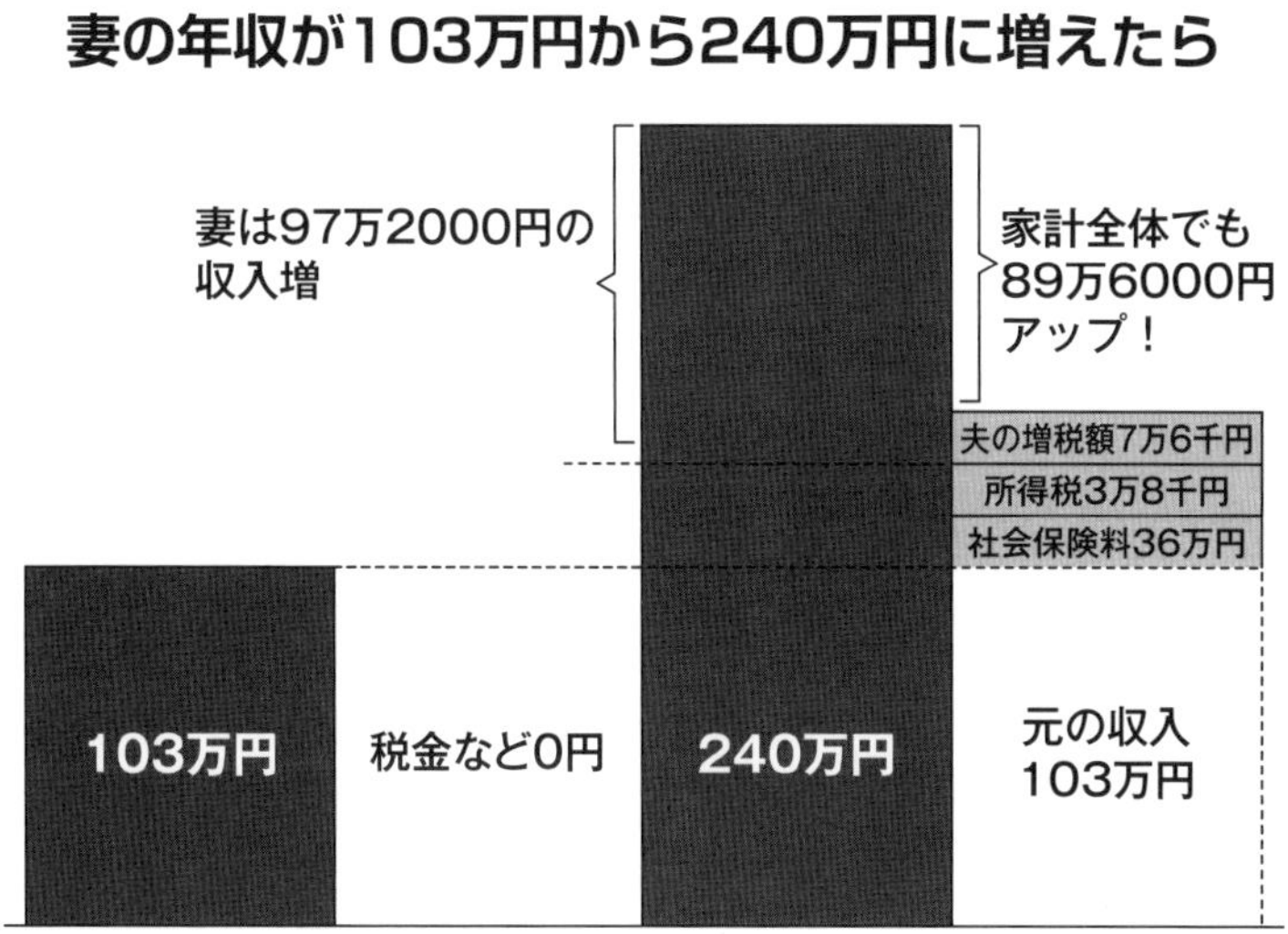

が受けられる配偶者特別控除は38万円ですが、妻の年収が２４０万円になると、その恩恵が受けられません。たとえば、夫の年収が７００万円で課税所得が３３０万円を超える場合、配偶者特別控除がなくなることによる増税額は７万６０００円です。

「配偶者特別控除がなくなる」「夫が増税になる」ことばかり目が行きがちですが、よく考えてみてください。

妻が正社員として働くことにより、収入は約97万円増えます。家計全体でも約90万円のプラスになります。

もちろん収入が１０３万円から２４０万円と倍以上になったとしても、実際に家計に入ってくるお金が2倍になるわけではありません。しかし、**妻が働くことによって100万円近い資金が手元で増えるのであれば、悪くはないと思います。**

年金はつくるもの

それだけではありません。当然、**健康保険の被保険者になれば、傷病手当金も付きます。厚生年金への加入によって、65歳以降の老齢厚生年金も加算されていきます。**

仮に54歳で正社員採用され、60歳まで6年間、厚生年金に加入したことによる老齢厚生年金の加算額は、約8万円です。今後、給与が増えたり勤続年数が延びたりすれば、さらに年金額が増えていきます。

年金はもらうものではなく、つくるものです。「もらうもの」と思えば、扶養のまま保険料を払わずにもらったほうが得だと考えてしまいがちですが、「つくる」となると考え方が変わります。**年金は、自分が働くことで増やすことができるのです。**

確かに、会社員の扶養の妻は、税金も社会保険も優遇されています。しかし、それは育児や介護などの事情で働けない環境にいる人のために設けられている仕組みであり、最低保障に過ぎません。

夫の扶養範囲にこだわらずに、働けるだけ働くことをお勧めします。

年金の平均額を信じてはいけない

モデルケースは代替率が最も高い

50代になると近い将来、自分が受け取る年金の額が、徐々に気になってきます。正確に、自分がどの程度の年金を受給できるのか、ご存知でしょうか。

なんとなく「20万円くらい？」って思っていませんか。

親がすでに年金を受給していて、おおよその受給額をそれとなく聞いている人は、自分も同じくらい受け取れると思っているでしょうが、残念ながら違います。

「所得代替率」ってご存知ですか。これは、年金を受け取り始める時点の年金額が、現役時代の手取り収入額に対して、どのくらいの割合になるのかを示すものです。ちなみに手取り収入額にはボーナスの金額も含まれています。

これ、**国が発表しているモデルケースで62・7％です。つまり給料が毎月手取りで45万円だった人が受け取れる年金の額は28万2150円です。**

実は、この「モデルケース」というのが曲者です。モデルケースは代替率が最も高く出るもので、それは何かというと、**「夫は年収が平均500万円程度の会社員で40年間厚生年金保険料を納めていて、妻は40年間専業主婦」**という条件を満たした場合、62・7％という所得代替率が適用されます。

でも、よく考えてみてください。いまの時代、妻が40年間も専業主婦であり続けられる家庭ってあるでしょうか。もしくは夫が40年間、会社員であり続けられるケースだって、徐々に少なくなりつつあるかも知れません。要するに、モデルケースが浮世離れしている恐れがあるのです。

たとえば、**夫婦が40年間共働きだった世帯の所得代替率は50％程度です。シングル男性で給料が高い人になると、所得代替率は50％を切ります。**「率」で見た場合、世帯ごとの働き方、家族構成によって、現役時代に受け取っていた給料に対する年金の額は、大きく違ってくるのです。

「こういう人って多いだろうな〜」と思うのが、雑誌や本を読んで、自分が定年後に受け取る年金はこのくらいと思い込んでいて、現実に直面したとき、あまりの少なさに呆然自失するケースです。

私もときどき寄稿したり、インタビューを受けたりしているので、何とも心苦しいのですが、雑誌などはスペースの関係もあって端折った書き方になっていますし、一人ひとりの事例を事細かに分けて書くわけにもいかず、どうしてもモデルケースですべてを語ってしまいがちです。

だから、**雑誌や本に書かれている数字を鵜呑みにするわけにはいきません。あなたが定年になったとき、いくら受け取れるのかを自身で把握する必要があります。**

ねんきん定期便は必ずチェック！

自分の年金額を知るために何を見ればいいのかというと、毎年、誕生月に日本年金機構から郵送されてくる**「ねんきん定期便」**です。ねんきん定期便は「節目年齢」と言われている35歳、45歳、59歳のときには「封書」で、それ以外の年齢時にはハガキで送られてきます。

ハガキの場合、大したものでもないだろうと勝手に思い込み、ゴミ箱行きという人もいるようですが、**自分が年金の受給資格年齢に達したとき、毎年「老齢基礎年金」**

ねんきん定期便を見れば年金受給額が1秒でわかる

2．これまでの年金加入期間（老齢年金の受け取りには、原則として１２０月以上の受給資格期間が必要です）

国民年金（a）			船員保険（c）	年金加入期間 合計（未納月数を除く）	合算対象期間等	受給資格期間
第１号被保険者（未納月数を除く）	第３号被保険者	国民年金 計（未納月数を除く）		（a＋b＋c）	（d）	（a＋b＋c＋d）
月	月	月	月			
厚生年金保険（b）						
一般厚生年金	公務員厚生年金	私学共済厚生年金	厚生年金保険 計	月	月	月
月	月	月	月			

3．老齢年金の種類と見込額（年額）（現在の加入条件が60歳まで継続すると仮定して見込額を計算しています）

受給開始年齢		歳～	歳～	歳～	歳～
（1）基礎年金					老齢基礎年金 円
（2）厚生年金		特別支給の老齢厚生年金	特別支給の老齢厚生年金	特別支給の老齢厚生年金	老齢厚生年金
一般厚生年金期間			（報酬比例部分） 円	（報酬比例部分） 円	（報酬比例部分） 円
			（定額部分） 円	（定額部分） 円	（経過的加算部分） 円
公務員厚生年金期間		（報酬比例部分） 円	（報酬比例部分） 円	（報酬比例部分） 円	（報酬比例部分） 円
		（定額部分） 円	（定額部分） 円	（定額部分） 円	（経過的加算部分） 円
		（経過的職域加算額（共済年金）） 円	（経過的職域加算額（共済年金）） 円	（経過的職域加算額（共済年金）） 円	（経過的職域加算額（共済年金）） 円
私学共済厚生年金期間		（報酬比例部分） 円	（報酬比例部分） 円	（報酬比例部分） 円	（報酬比例部分） 円
		（定額部分） 円	（定額部分） 円	（定額部分） 円	（経過的加算部分） 円
		（経過的職域加算額（共済年金）） 円	（経過的職域加算額（共済年金）） 円	（経過的職域加算額（共済年金）） 円	（経過的職域加算額（共済年金）） 円
（1）と（2）の合計		円	円	円	円

※年金見込額は今後の加入状況や経済動向などによって変わります。あくまで目安としてください。

ここを見れば、65歳からの受給額がわかる!

がいくらで、「老齢厚生年金」がいくらになるのかが記載されています。

その合計金額を12で割れば、1カ月の年金受給額になります。たとえば、老齢基礎年金と老齢厚生年金の合計が200万円なら、これを12で割ると、1カ月の年金受給額は16万6666円になります。

繰り返しになりますが、年金受給額は人によって異なるので、ねんきん定期便に必ず目を通してください。

また、若い頃からずっと自営業だった人は、老齢厚生年金がなく、老齢基礎年金のみになりますから、その分だけ受給額は少なくなります。

ちなみに、老齢基礎年金の受給額には「満額」があり、2019年のそれは78万100円です。つまり1カ月あたりの受給額は6万5000円です。

実に少ないことが、おわかりいただけるかと思います。この点、自営業者の場合はできるだけ若いうちから、年金とは別に資産形成する必要がありますし、自分の健康が許す限り、できるだけ長く働くことで、老後資金の温存を図る必要があります。

いずれにしても、**年金の平均額を信じていると、いざ自分が受給できる年金の額が少ないとショックを受けるので、ねんきん定期便には必ず目を通し、自分の受け取れる年金額を把握したうえで、老後の資金計画を練ることが大切です。**

正確な情報は年金事務所で聞こう!

ねんきん定期便と共に、**より正確な年金の情報を手に入れたいのであれば、年金事務所を訪ねましょう。**年金事務所とは日本年金機構の出先機関です。東京23区であれば、区ごとに必ず設置されていますし、道府県においてはいくつかの市に年金事務所が設置されていますので、住まいからそう離れていないはずです。

年金を受給する前に一度、訪ねてみたほうがいいでしょう。また、電話相談も受け付けているので、年金事務所まで足を運ぶ時間がない場合は、それを利用するという手もあります。

なお、**年金事務所に行くときは、ねんきん定期便を必ず持っていきましょう。**そのほうが、相談もスムーズに進みます。さらに年金手帳が会社ではなく自宅に保管されている場合は、持参をお勧めします。

また、「年金制度は複雑でわからない」というイメージが強いせいか、年金事務所に行っても何をどう質問すればわからないという方も、いらっしゃると思います。そういう場合、これはもうズバリ、このように聞きましょう。

「いつから何をいくらもらえるの？」

つまり、自分が加入している年金のうち、国民年金、厚生年金は「いつから、いくら」なのか、加給年金といった年下の配偶者に出る厚生年金の手当についてもいつからいくら受給する権利があるのかを、しっかり聞くようにしてくださいね。

うかつに年金の繰上げ受給をしてはいけない

繰上げ受給を選ぶと変更できない

公的年金は65歳になると受給資格が生じるのですが、実は受給開始年齢を繰り上げることができます。つまり60歳からでも受給できるのです。実は1割近い方が繰上げ受給を選んでいるという数字もあるくらいです。

でも、**繰上げ受給を選ぶと、60歳から年金を受け取ることはできますが、反面、受け取れる額は少なくなります。どのくらい減るのかということですが、60歳になった時点から受け取った場合で、30%も減額されます。**

これだけ減額されるのに、繰上げ受給を選択する人の言い分は、「年金財政が今後どうなるかわからないので、取れるうちに取っておきたい」ということのようです。

しかし、そもそも年金の仕組みは、自分が払ってきた保険料がどこかにストックされていて、そこから取り崩していくものではなく、現役世代が払っている保険料を年金として受け取る賦課方式が採られています。

つまり、「取れるうちに取っておきたい」という発想自体が間違っているのです。

ちなみに一度、繰上げ受給を選んでしまうと、途中から「繰上げ受給をいったん止めて、65歳から受け取れるようにしたい」と申し出ても、修正は利きません。繰上げ受給を選んだ時点で生涯、30％も減額された年金を受け取り続けるしかないのです。

また、**繰上げ受給をすると、重い障害を負っても障害年金の受給ができません。**障害年金は繰上げ受給の老齢年金より金額が多いのですが、その受給権を失うのです。

この選択は、本当に年金が必要になったときの収入源として、非常に心許ないものです。私は、繰上げ受給は「絶対に」やってはいけないことだとさえ思っています。60歳だったらまだまだ十分に働くことができます。60歳で働かずに隠居するなどという選択肢はないものと思ってください。

そして実際に65歳になったら、今度は「65歳から年金を受給する必要があるのかどうか」を考えてみてください。

もちろん、これまでのハードワークで身体はボロボロ。もう働く意欲も気力もないし病気がちだから、一刻でも早く年金を受け取れるようにして、少なくとも金銭面は安心したいと思う人もいらっしゃるはずです。

このように、どうしても65歳から年金を受給しなければならない明確な理由、諸事情がある人は、65歳から受け取ればいいでしょう。

繰下げ受給は最大42％割り増しになる

もし、65歳になっても十分に元気で、気力があり、まだまだ働けるとおっしゃるのであれば、年金の受給開始年齢を65歳ではなく、70歳以降に繰り下げればいいのです。これが年金の「繰下げ受給」です。

繰下げ受給のいいところは、70歳以降に受給する年金の額が割り増しされることです。具体的にどの程度の割り増しかということですが、「繰下げ月数×0・7」で、最大42・0％と決められています。

年金は、「裁定請求」つまり、申請をしないと受け取れません。要は「年金を受給します」と申出をすることで受給が始まります。したがって、繰下げを希望する場合

年金は繰り下げるほど受給額が増える

66歳から受給すると・・・	年金受給額	×1.084を終身
67歳から受給すると・・・		×1.168を終身
68歳から受給すると・・・		×1.252を終身
69歳から受給すると・・・		×1.336を終身
70歳から受給すると・・・		×1.420を終身

（注）　年金受給額は「ねんきん定期便」で確認できる。

は、受給しますと言わなければいいのです。

しかし、65歳時点で送付される「年金請求書」というハガキには、「繰り下げを希望される方はこのハガキの提出は不要です」と書いてあるにもかかわらず、同時に「このハガキを提出しない場合、65歳以降の年金のお支払いがいったん止まります」となかば脅迫めいた文言があるため、多くの方はハンコを押して「裁定請求」をしてしまうのです。**繰下げを希望する場合、裁定請求の書類を出さなければいいのです。**

こうして繰下げをすれば、あとは繰下げ月数に応じて、前出の計算式に基づいて割り増し分が決まっていきます。たとえば、70歳になるまで繰り下げた場合は、65歳から月数を計算すると60カ月になりますから、60カ月×0・7＝42％が増額率になるのです。

これ、よく考えてみると、すごくいいことだと思うのです。

繰下げ受給は受給開始の年を変更できる

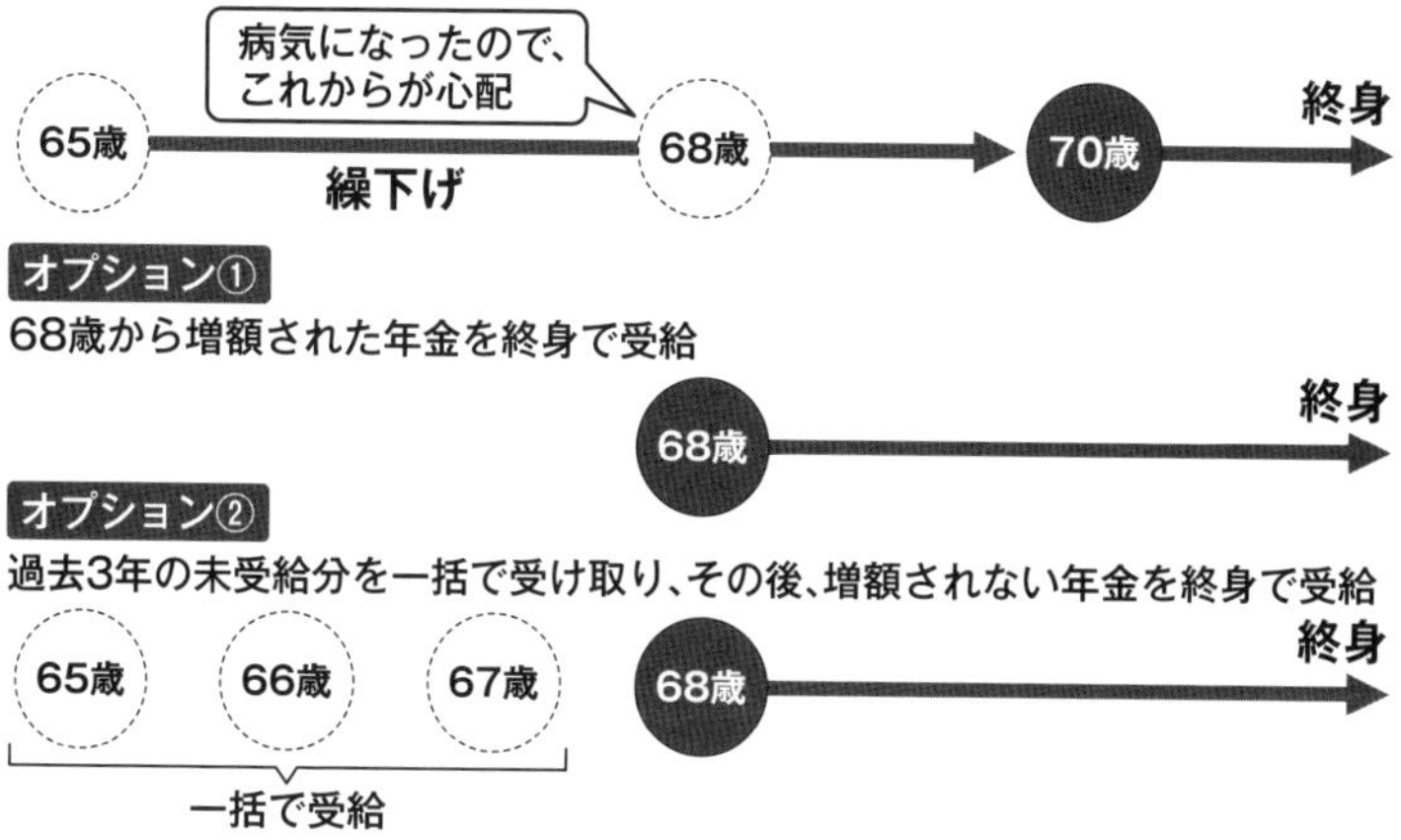

年金の受け取り開始年齢を5年間、後ろ倒しにするだけで、年金受給額が42%も増えるのです。仮に65歳で受け取った年金を預貯金で運用したとしても、いまの超低金利下ではほぼ増えないでしょう。これは、自分が受け取る予定の年金をいったん国に預けて運用してもらっているのと同じ意味になります。

いまどき、元本保証でこれだけ高いリターンが得られる金融商品は皆無ですから、もし自分自身が元気なら、これを積極的に利用しない手はありません。

しかも、**年金の繰下げ受給に関しては、自分の好きなタイミングで受給開始できます。**繰上げ受給は一度決めたら、二度と修正は利かないのですが、繰下げ受給は、たとえば68歳になって少し働くのがしんどくなったから年金を受給したいと申し出れば、その時点でいつでも増額された年金を受給できるようになるのです。

万が一大きな病気に罹ってお金が必要になったら、受け取らずにおいた年金を一時金で受け取ることもできます。その場合、65歳からの増額されない年金額の過去の未受給分の合計となりますが、非常にありがたい制度だと思います。もちろん一時金を受け取った後は、本来の年金額が終身で受給できます。

奥様が年下の場合、加給年金という特別な手当が厚生年金から支給される方もいます。これは年間約40万円で奥様が65歳まで、ご主人の口座に振り込まれるお金です。これは老齢厚生年金を受給していることが条件なので、年齢差によっては繰下げをしないほうが得な場合もあります。そんなときは、厚生年金は繰り下げず基礎年金(国民年金)のみを繰り下げるという方法もあります。

いずれにしろ、「我が家の年金、いつから何をいくら?」の情報収集をしっかり行うこと。場合によっては受給方法を専門家に相談することをお勧めします。

CHAPTER 03

第3章

50歳を過ぎたら やってはいけない 「投資」の話

退職金で「株式投資」をした人の悲惨な末路

某広告代理店を無事に定年退職したBさん。話はいまから8年前に遡ります。

Bさんは広告代理店で金融機関を担当する営業でした。大手証券会社の広告、イベントなどの仕切りを担当していて、かねてから定年後、資産運用をする必要性については十分に理解していました。

ただ、当時はまだつみたてNISAやiDeCoなどの制度は存在しておらず、投資といえば、毎月分配型の投資信託や株式投資、FXが中心という時代でした。

Bさんは退職金を有利に運用しようと、定年前からいろいろ戦略を練っていました。ちなみに、退職金の額は3000万円だったそうです。

Bさんの戦略はこうです。

まず3000万円のうち200万円は、当座の資金ということで普通預金に残しておく。そうなると、投資に回す資金は2800万円ですが、大事な退職金なので、リスクの高い投資商品で運用するつもりはないということでした。もちろん株式についてはデイトレードをしようなどとは考えておらず、長期間持ち続けるつもりでいました。できれば配当金が高く、倒産するリスクの低い会社で、株価が乱高下しなければベストです。

一方、日本の財政赤字が今後さらに深刻化し、円の価値が目減りするリスクがあるため、退職金の一部を米ドルにしようと考えていました。

そして、退職金を受け取ってすぐ、これらを実行に移したのです。

まず米ドル投資ですが、外貨預金は為替手数料がやや高めということもあるので、コストが安いFXで投資することにしました。金額は300万円を証拠金として、8倍のレバレッジで米ドルを購入しました。

FXは証拠金を担保にして、その25倍まで取引ができます。300万円を証拠金として預ければ、最大で7500万円まで外貨の売買ができるわけですが、レバレッジは借金をして取引しているのと同じです。

Bさんはそのリスクを抑えるため、8倍で取引しました。8倍ということは、2400万円相当の米ドルを持っているのと同じことになります。

そして、残りの2500万円で日本株を買いました。Bさんによれば、2500万円の日本株と、レバレッジをかけて2400万円相当の米ドルを同時に保有することで、リスクヘッジになると考えていました。日本株が下落すれば、円も売られて円安になるから、為替差益によって日本株の下落をヘッジできるという算段です。確かに、金融機関の広告担当だっただけに、よく考えられています。

さて、そろそろ何の株式を買ったのかを申し上げましょう。東京電力です。確かに電力株は資産株で、配当利回りも高く、株価も非常に安定しています。

Bさんが定年になったのは、2011年2月のことでした。Bさんは証券会社に口座を開き、東京電力の株式を買いました。株価は2100円でした。株数は実に1万2000株。20万円ほどオーバーしましたが、総額2520万円の取引です。

1カ月も経たないうちに株価が2163円まで上がり、75万円ほどの値上がり益が得られました。Bさんはきっと、自分の老後はこれで安泰だと思ったことでしょう。

ところが……、運命の日が来ました。東日本大震災と、それによる福島第一原子力発電所の事故によって、東京電力の株価が急落したのです。2011年3月の安値は461円でしたから、2520万円で買った株式が553万2000円になってしまいました。しかも、株価はその後も下がり続け、2011年6月には148円の最安値をつけました。評価額は177万6000円です。

初めて株式に投資したBさんは、これ以上の損失に耐えられませんでした。一時は

６００円台まで回復した株価が、２０１１年10月に再び２００円まで下げたところで全部売却したのです。売却したときの株価は２２０円。２５００万円の資金が２６４万円に目減りしてしまいました。

さらに、不幸が襲ってきました。１米ドル＝83円台で買った米ドルです。これだけの自然災害が生じれば円安になるはずが、急激な円高に見舞われました。

結局１米ドル＝76円24銭まで円高が進み、Ｂさんが持っていた米ドルには多額の含み損が生じました。結果、証拠金の担保不足ということで、強制的に米ドルが売られ、３００万円の証拠金から損失分を差し引いた１００万円のキャッシュが、Ｂさんの口座に残されました。

３０００万円あった退職金が一瞬のうちに５６４万円になってしまいました。普通の人なら目の前が真っ暗になるでしょう。

でも、幸いなことに楽観的なＢさんは、一念発起して株式投資の勉強を始め、５６４万円をタネ銭に株式投資を再開。その後のアベノミクス相場にうまく乗り、何とか３０００万円を取り返せそうなところまでリカバリーしてきたそうです。

やれやれ（笑）。

「もう年だから」と資産運用をあきらめてはいけない

効率的にお金を増やすには資産運用は不可欠

50代になると、何事にもある種、あきらめの気持ちが芽生えてきます。

20代のときに比べて体力が落ちた。容姿も衰えた。何よりも気力が萎えた。それらをどうやったら改善できるのかを考える前に、「まあ、人生も先が短いし、いまさら頑張ってもしょうがないよね」と言ってあきらめようとします。

お金についても同じです。

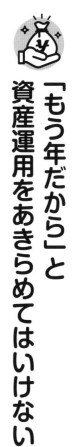

「いまさら資産運用しても無駄でしょう。急にお金が増えるわけでもないし、そもそも難しいことを考えるのが面倒」という方はけっこういらっしゃいます。

でも、こと資産運用に関していえば、50歳から始めたとしても、全く遅くありません。というよりも、50歳から60歳までの間にある程度の金融資産を築こうとするならば、金利の低い預貯金だけではどうしても心許ないので、資産運用で「増やす」ことを考える必要があります。

もちろん、60歳以降もずっと資産運用をすればいいのですが、積立によって元本を**増やしていける時期は、まだ働くことで得られる収入が比較的大きい50歳から60歳までと考えておいたほうがいいと思います。この10年で、ある程度効率的にお金を増やそうとするのであれば、資産運用は不可欠です。**

といっても、Ｂさんのように株式とＦＸの組み合わせで運用するなどというのは、投資未経験者には無理だと思います。

東京電力株は非常にアンラッキーであり、あのような事態に直面する確率は極めて低いと思いますが、株式の直接投資で大きな損を被ったという話はよく耳にします。ましてやＦＸは、長期間ポジションを持とうとしても、Ｂさんのように短期で大きく為替レートが動くと、強制的にポジションを切られるケースがありますから、常に短期の値動きに神経を使うことになります。

株式も個別銘柄投資をすると、株価の値動きに一喜一憂することになります。株価が上がり始めると、どこで利益を確定させるかで思い悩み、株価が下がれば利益があるうちに売ったほうがいいのか、再び株価が上昇するまで待てばいいのかで悩みます。挙句の果てに、損している状態に耐えられなくなり、Ｂさんのように値下がりしたところで売却して大損を被ったりします。

そのような投資をし続けられますか？

きっと難しいでしょう。なので、50代からの資産運用はできるだけゆったり構えて、日々の値動きに神経をすり減らさずに済むような方法を考える必要があります。

老後資金の資産運用は投資信託だけで十分

まず、投資する対象は投資信託に絞ります。株式への直接投資、ＦＸ、仮想通貨、外貨建て生命保険、貴金属、ワンルームマンションなど、投資対象はさまざまですが、この手のものにはいっさい手を触れないようにしましょう。

50歳を過ぎて、5年以上投資期間が持てる老後資金のための資産運用は投資信託だけで十分です。

といっても、投資信託は非常にたくさんの本数が運用されていて、運用本数は６１１４本（２０１９年3月時点）もあります。

この中から選ぶのは非常に大変ですが、私がもし投資信託を買おうと絞り込むのであれば、セゾン投信の「セゾン・バンガード・グローバルバランスファンド」、全世界の株式に投資をする「セゾン資産形成の達人ファンド」、株価インデックスに連動する「ＭＳＣＩコクサイ・インデックス」のいずれかで十分な投資成果が期待できると考えています。

ＦＰとして個別商品の推奨をするわけではありませんが、参考指標がなければどうしたらよいかわからないという方も多いでしょう。今後投資信託を選ぶ参考例としてお考えいただければいいと思います。

次に、**投資の仕方ですが、積み立ててください。毎月5万円、あるいは10万円というように、同じ金額で同じ投資信託を買い続けるのです。**

たとえ定期預金の満期金が２００万円あって、これで投資信託を買うという場合も、少額に分割して投資することをお勧めします。そのほうが、値段が下がったときに多くの口数が買えるので、全体的に平均の買付単価を引き下げる効果が得られるのです。

買付単価が下がれば、仮にマーケットが大きく下落して投資信託の値段が下がったときでも、損失の回復が早くなります。

つみたてＮＩＳＡやｉＤｅＣｏのような、非課税投資制度を用いれば、さらに効率よく資産形成ができるはずです。また、すでに十分な金融資産があるというらやましい方も、つみたてＮＩＳＡを活用することで未来の自分へのお小遣いをつくることができます。しかも、実際に受け取る時期までに運用益が得られていたら、すべて非課税になるので、課税されない収入を得ているのと同じことになります。

つみたてＮＩＳＡはいまのところ、２０３７年までの時限的措置ですから、２０１９年時点で50歳の人が始めれば、68歳の自分に向けてのお小遣いになります。

もし60歳以降もうまく支出を抑えることができ、月々1万円でも2万円でもゆとりがあるならば、続けて積立投資をしておきましょう。そうすれば、実際に年金を受け取るとき、それまで積み立てた分も合わせて、老後の生活資金を豊かなものにできるはずです。

ＮＩＳＡ口座から引き出して使うお金は年収となりませんから、老後の税金対策や社会保険料対策にも一役買うでしょう。

窓口でお勧め商品を聞いてはいけない

金融機関の営業担当者はノルマを課せられている

これまで証券会社を利用したことがない、ましてや投資信託を買ったことがない人は大勢いらっしゃるでしょう。それは、１８３０兆円もある個人金融資産のうち、投資信託の購入額はわずか67兆円で、全体に占める比率が３・７％しかないことからも、おわかりいただけると思います。

最近はｉＤｅＣｏやつみたてＮＩＳＡで、少しは注目されている感のある投資信託ですが、現実的には圧倒的に認知度が低いのです。

では、全くどのようなものかわからない投資信託を買おうとしたとき、みなさんはどこでその知識を得ますか。

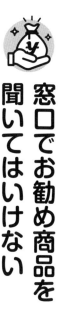

商品知識を得るための方法としては、まずインターネットで調べることでしょう。ネット上には、実際に投資信託で資産形成をしている投信ブロガーと呼ばれる人たちのサイトもあって、そこに詳しく体験談などが書かれています。

ただ、なかには文字を読むだけでは納得がいかないという人もいると思います。疑問点を相手にぶつけ、答えを引き出したほうが理解できるというタイプの人ですね。こういうタイプの人は、おそらく金融機関に行って説明を聞くと思います。

それは別に何の問題もありません。銀行や証券会社の窓口に行き、「初めて投資信託を買うので、商品内容を教えてください」と言えば、相手は新しいお客さんが来たと思っていますから、懇切丁寧に教えてくれるはずです。自分のわからない点については、どんどん質問してください。ただし、注意点があります。

それは絶対に「お勧めは何ですか?」と聞かないことです。

もし、このような質問をしたら、対応している担当者は「やったー!」と心の中で大喜びをしているはずです。なぜなら、自分のノルマを消化できるからです。

「販売目標」とか何とか別な言い方をして、「うちでは営業担当者にノルマを課していません」などと言っている金融機関がありますが、基本的に金融機関、それも店舗を構えている対面型営業をしている金融機関の営業担当者で、ノルマを課せられていない人はほぼ皆無と考えてください。そのノルマを少しでも解消しようとして、必死に営業をしているのです。

そのようなところに、無防備にも「お勧めを教えてください」などと言ったら、営業担当者がいま、最もノルマで苦しんでいる投資信託を売りつけてくるのは間違いありません。だから、このような質問は絶対に御法度です。

担当者に聞くべき3つの質問

また、販売窓口の担当者に聞くことは、個別商品の内容ではなく、投資信託全般の質問に留めておきましょう。たとえば、次の3つの質問です。

- **何に投資していますか？（世界に分散投資が基本）**
- **手数料はいくらですか？（コスト高はデメリット）**
- **税金はどうなりますか？（iDeCoやつみたてNISAを優先）**

そもそも金融機関の店頭に行って質問するのは、投資信託の仕組みについてわからない点があるからであり、個別商品を売りつけられに行くのではありません。**もし先方が具体的に、お勧め商品など個別商品の説明を始めたら、「何を選ぶかは後日決めます」と言って、その場を去りましょう。**

金融機関が開催する無料セミナーも同様です。知識を得るために、セミナーに足を運ぶことはいいことですが、そこで紹介された商品をそのまま買ってはいけません。不明点は質問をしてクリアにするべきですが、ここでも先ほど同様、「何を選ぶかは後日決めます」と言いましょう。

「投資は自己責任」と言われます。これは、投資をする以上、最低限守らなければならないルールだと思います。

投資は、対象が株式であれ債券であれ、投資信託、外貨、仮想通貨、不動産、金など、商品の違いを問わず、すべて損をするリスクがあります。だからこそ自己責任なのです。**自分の判断で何に投資するかを選び、どのタイミングで投資するか、どこまで儲かったら手を引くかということを、すべて自分で判断しましょう。**

保有している投資信託を一度に解約してはいけない

人間の欲望には勝てない

たとえば50歳から投資信託の積立投資を開始し、60歳までにある程度、老後に不安のない程度の資産ができたとしましょう。

さて、次にあなたならどうしますか？

投資信託は常に値段が上下する価格変動商品です。そうである以上、誰もが思うのは、「できるだけ値段が高いところで解約し、少しでも利益を大きくして利益確定させたい」ということではないでしょうか。

でも、ここが非常に悩ましいところなのですが、いまの値段が一番高いかどうかは、誰にもわかりません。いまが高値だと思って解約したら、さらに値段が上昇して悔しい思いをすることだってあります。

逆に、解約しようと思ったら下がってしまい、「高いところまで戻らないかな〜」と思っているうちに、さらに値段が下がって、解約できなくなってしまうというケースもあります。

人間はどうしても欲望がありますから、儲かっているときは「もっと儲けたい」という意識が働き、結果的に絶好の解約するタイミングを失ってしまうことが、よくあるのです。特に株式やＦＸの場合、この傾向が顕著になります。

絶好のタイミングで解約することは、まず無理であると理解してください。

でも、老後の資産形成という目的のために運用しているわけですから、どこかのタイミングで解約して現金化しなければならないのも事実です。

ポイントは２つです。

第一に、目標を達成したからといって解約する必要はどこにもありません。

たとえば60歳で目標額を達成したら、その時点で積立を止めてもいいので、そのまま運用し続けてください。解約するのは実際にお金が必要になってからです。

第二に、お金が必要になって解約するとき、一度に全額を解約しないことです。

ここが一番のミソといってもいいでしょう。解約というと、多くの人は全額解約をイメージするようですが、投資信託は一部解約ができます。たとえば今月は３万円が必要だというときは、運用している投資信託から３万円分だけを解約します。

投資信託で資産形成をする場合、積立投資をすることをお勧めしましたが、それと同様に解約するときも、一部ずつ取り崩していくのです。

全額解約しようとすると、前述したようにいまが解約するのに絶好のタイミングかどうかを考えるようになってしまいます。でも、身も蓋もない言い方になりますが、絶好のタイミングなんてものは、投資のプロでもわかりません。プロでもわからないことが、私たちにわかるはずがないのです。

毎月積み立て、家計の不足分だけ解約

給料や年金などの収入に対して、支出のほうが多くなってしまった月に、不足した分だけを解約して使うようにすれば、タイミングを計って解約するという意識がなく

なります。

もちろん、残りはそのまま運用し続けていますから、時には値段が下がることもあるでしょう。でも、投資信託の値段は下がったり、上がったりを繰り返します。いまは下がっていても、保有し続けるうちに再び上昇し、以前の値段を上回ることも十分に考えられます。

だから私は、投資信託を買うのであればグローバルなもので、世界経済の成長と共に徐々に値段が上がっていくタイプを選ぶのがいいと考えているのです。そういう投資信託を選びさえすれば、一時的に値段を大きく下げたとしても、いずれまた値段は上昇に転じ、以前の高値を超えていく可能性は十分にあります。

あとは淡々と、お金が必要になったときに一部解約をしていくだけです。当然、解約するときの値段は月によってバラバラですから、解約時の値段を気にすることがなくなります。

50歳からの資産運用は、毎月徐々に積み立てて、解約するときも月々、家計の不足分だけを解約していく。

このルールをしっかり守れば、資産運用のストレスから解放されるでしょう。

定年トレーダーを目指してはいけない

億トレーダーも退場する厳しい世界

定年になって時間があるからなのか、株式のトレードをやってみたいという人はけっこういらっしゃいます。

もちろん、昔とった杵柄で再開するというように、株式やFXなどに一定の知見を持っていらっしゃる方なら、定年後から株式投資を始めるのもいいでしょう。

私が「目指してはいけません」と申し上げているのは、全く投資経験がないのに、退職金の一部を軍資金にしてトレードしようと考えている方たちに対してです。

トレードはそう簡単にできるものではありません。もし誰もが簡単に儲かるものなら、いま頃、日本中に億トレーダーがいるでしょうし、個人消費がもっと盛り上がって、日本の景気はとてもいいものになっているはずです。

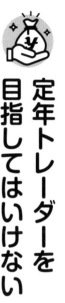

そうならないのは、トレードを始めたものの、なかなか儲けることができず、退場する人が多いからでしょう。

株式投資に限って話をしますが、１９８９年に株価的にはバブルのピークに達した後、その崩壊を経ていまに至っているわけですが、この間、何回か株式市場にフォローの風が吹いたことがありました。

最初は１９９８年10月から２０００年３月にかけてのＩＴバブルです。その後、２００３年３月にかけて再び株価は大きく下落し、２００３年４月から２００７年７月まで、郵政相場を巻き込みながら比較的長期の上昇トレンドをたどりました。

しかし、その後はリーマンショックによって株価が暴落し、さらに政策運営の失敗から日本の株価は２０１２年の冬まで低迷しました。そして、２０１２年12月からアベノミクス相場などを経て、日経平均株価は２０１８年９月にバブル崩壊後の最高値を更新しました。

このように、株価が高値をつけにいく局面で、それこそ１００万円を10億円にしたトレーダーが次々に登場しました。

しかし、ＩＴバブルや郵政相場で儲けた個人トレーダーで、２０１３年以降の株価上昇局面で名前を聞く人はほとんどいません。多くの個人トレーダーが、ミニバブル化した相場のなかで瞬間的に大きな利益を手にするものの、その後の株価調整局面で大損をして、マーケットからの退場を余儀なくされたのだと思います。

ただ、なかにはＩＴバブルの崩壊やリーマンショックなどを経て、それでもしっかり利益を上げ続けている個人トレーダーもいます。もちろんそういう人も、これまでの大きな株価調整局面でかなりの損失を抱えたものの、それでもあきらめずに研究を重ねてきたからこそ、いまがあります。

株式投資の原資に退職金を充てない

それと同じことを、定年になってから初めて株式投資をする人ができますか？　ということです。

たとえば60歳から株式のトレードを始めたとしましょう。おそらくビギナーズラックもあって、最初は少し儲かるかも知れません。でも、いつか上昇トレンドは崩れます。株価が暴落して、それこそ退職金の半分を吹き飛ばしたとき、それでも両足を踏ん張って、立ち続けられる自信はありますか。

これまで幾度となく株価の暴落を経験している人なら、過去の経験がありますから、よほど大きな損失を抱え込まない限りは立ち続けられるでしょう。

でも、おそらく定年になってからトレードを始めた人が、大きな暴落に巻き込まれたら、その時点で心が折れて、二度と投資はしないと思うのが普通です。

よく「相場の損は相場で取り返す」などと言いますが、相場で損失を被ると、損失の額が大きいだけに、相場でなければ取り返すことができないのです。結局、定年トレーダーで失敗した人は、大きな損失を抱えたまま退場するしかありません。しかも年齢が年齢ですから、またチャレンジするという気力もないでしょう。

だから、定年トレーダーを目指すことには反対です。**それでも、もしどうしても株式投資をしたいという方は、投資の原資に退職金を充てないこと。できれば60歳以降も働くことによって得られた給料の一部を充てるべきです。**

最近は単元株数の小さい銘柄もたくさんあります。売買の自由度は制限されますが、ミニ株投資のような少額投資専用の口座も用意されています。

まずは少額資金で投資を始めましょう。そうすれば、株価の暴落に直面しても、金額的にはそれほど大きな損失を被らずに済みます。

資産保全目的で「金」を買ってはいけない

資産のラストリゾート

「金（GOLD）」という物質が持つ魅力は否定しません。女性なら特に、ゴールドジュエリーが連想されるだけに、少しずつ金を積立購入していくというスキームに対して、魅力を感じる方が多いのではないでしょうか。

金は、資産のラストリゾートと呼ばれます。これは、最後の手段という意味で用いられています。金がなぜラストリゾートなのかということですが、金はそれ自体に万国共通の価値が認められているからです。

たとえば、なぜ株式には株価という価格が成立するのかというと、その裏側には、株式を発行している企業に対する信用があるからです。もし、その企業が経営破綻すれば、発行された株式の価値の裏付けがなくなり、単なる紙切れになります。

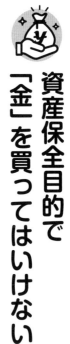

これは国債などの債券も、通貨も同じです。株式や債券、紙幣といった資産のことを「ペーパー資産」と言います。実体は単なる紙切れですが、そこに一定の価値が認められているのは、それを発行する企業、国、中央銀行に対する、世間からの信認があるからです。

これに対して金は、金という物質そのものに対して価値が見出されています。たとえば田中貴金属がつくった金だから、これだけの信用がある、という話ではありません。**金は、どこの刻印があろうとも、世界共通認識の価値があるのです。**

だから、リーマンショックのような、それこそ金融市場が麻痺状態に陥ったときに、金が買われるのです。つまり持っていて、一番価値の保存に優れている資産だということなのでしょう。

金の保有はリスクが大きい

しかし、それでも資産保全を目的にして金を買う必要はないと判断します。

金を販売して利益を得ている貴金属商、あるいは金などの商品先物を売買している商品取引会社などは、それが商売になりますから、「有事に備えて金を買っておきましょう」と言うわけですが、そもそも購入した金をどうやって保管しておくかという問題に直面します。**貸金庫に預ければコストがかかります。かといって自宅に保管しておけば、泥棒に盗まれるリスクがありますし、タンス預金と同様、火災や洪水で消失するリスクもあります。**

また、資産運用の対象として金はどうかという点について考えてみると、**金はただの物質なので、株式の配当金、預金の利息、債券の利子のように、インカムゲインをいっさい生みません。**いくら長期間保有していても、1キログラムの金が1・1キログラムに増えることなどあり得ないのです。

値上がり益に期待するということもありますが、金価格を形成する要因はあくまでも買い手と売り手の需給バランスによるものであり、株式のようにファンダメンタルズによって価格が決定される部分が、非常に小さくなります。結果、**長期にわたって安定的に資産価値が増えるというよりも、投機的な値動きになりがちです。**

いくら資産保全にいいと言われていても、このような性質を持った資産で老後資金を運用するわけにはいかないでしょう。老後の資産形成のポートフォリオに金を入れる必要性は、いまのところほとんどないといってもいいと思います。

マンション投資が個人年金になると思ってはいけない

マンション投資はデメリットが多い

ワンルームマンションなど投資用物件の購入も、老後のための資産形成という観点ではあまりお勧めできません。

一時期、普通の会社員がアパートを数棟保有していて、サラリーマン大家さんとして家賃収入を得ているなどという話が、マネー雑誌などを賑わしていた時期がありました。

最近も、年金に対する不安から、いまのうちに月々のキャッシュフローを確保する手段をつくっておこうということで、ワンルームマンションなどの投資用マンションを購入する人がけっこういらっしゃいます。家賃収入は不労収入といったイメージがあるのか、お気軽に飛びつく危ない方も後を絶ちません。

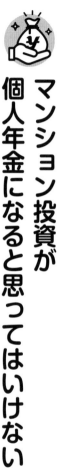

ワンルームマンション投資の場合、住宅ローンを組んでマンションを購入し、入居者から賃料を得て、そこから住宅ローンを返済し、残金が収益になるというスキームです。

当然、マンションに誰も入居しなければ、住宅ローンがどんどん持ち出しになってしまいます。また、自分が住むためのマンションの住宅ローンの金利と投資用マンションの住宅ローンの金利は同じではありません。後者のほうが高いのが普通です。したがって、どうしてもコスト高になるのです。

手元に潤沢なキャッシュがあれば、住宅ローンを組まずにポンと購入できるので、人気の高い地域にある物件を数部屋購入し、キャッシュフローを確保することも可能ですが、それができる会社員は少数だと思います。

不動産投資信託を買うのが無難

もう1つ、ワンルームマンション投資のデメリットは、時間の経過と共に物件の老朽化が進むことです。基本的にワンルームマンションに入居したいという人は、独身の若い人が中心ですから、古ぼけたワンルームマンションに好んで入居する人はほとんどいません。

家賃を大幅に引き下げれば、価格の優位性で入居する人も出てくる可能性はありますが、家賃を下げれば、自分自身が受け取るキャッシュフローが目減りしていくことになります。

もちろん不動産投資でしっかりキャッシュフローを確保している人もいます。でも、それは不動産経営を知り尽くした人が手がけるからこそ、利益が生まれているのです。これまで不動産投資をしたことがない人が、何となく儲かりそうだからといって手を出して成功するほど、甘い世界ではありません。

もし不動産投資をしたいのであれば、東京証券取引所に上場されている不動産投資信託（J－REIT）を買うのが無難でしょう。不動産投資信託は、商業施設やオフィスビル、レジデンス、倉庫、ヘルスケア施設などの不動産物件を組み入れて運用する投資信託です。

不動産投資信託なら最低投資金額は小さいですし、株式と同様に売買できます。どうしても不動産投資をしたいのであれば、不動産投資信託で決まりです。

「お金が貯まったら始めよう」と考えてはいけない

思い立ったが吉日

「資産運用を始めるタイミングはいつがいいのでしょうか。もっと値段が下がったところで始めればいいですか？」と質問されることがあります。

「もっと下がったところで」と考えている人は、本当に下がったとき、「いやいや、もっと下がるはずだ」と考えているうちに上昇へと転じてしまい、絶好の買い場を逃してしまいます。

不思議なもので、「上昇に転じたのだから買えばいいのに」と思うかも知れませんが、実は買えないものなのです。１万円だった投資信託が８０００円まで値下がりしたとき、「７０００円まで下がったら買おう」と思っているうちに８２００円、８５００円というように値上がりしたら、買えますか？

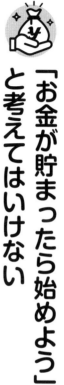

難しいでしょう。これは多分にメンタルな要因なのですが、８０００円という安値を見てしまっているので、８２００円や８５００円は高いと感じてしまうのです。結果、買うタイミングを逃しているうちに、値段はさらに上昇してしまい、臍を噛むというわけです。

このような考え方だと、いつまで経っても資産運用を始めることができませんから、**まさに思い立ったが吉日で、資産運用を始めようと思ったときから積立投資をスタートさせるのが、最もベターな考え方です。**

資産運用を始めない人の2つの言い訳

ところで、いつまで経っても資産運用を始めない人は、次のような言い訳をする傾向が顕著です。

「もう少しお金が貯まったら」
「もう少し勉強してから」

どうも「資産運用」と聞くと、「お金持ちがすること」というイメージにとらわれていて、100万円、あるいは200万円というような、ある程度まとまった金額にならないとできないと思っている人が大勢いらっしゃいます。

でも、「もう少しお金が貯まったら」と言っている人は、きっと100万円、あるいは200万円が貯まったとしても、なかなか資産運用を始めようとしません。

結局、資産運用は何となく面倒というイメージが先にあって、それをしないための言い訳として、「もう少しお金が貯まったら」と言っているだけに過ぎないのです。

だからこそ、積立投資を利用する意味があるのです。積立投資なら、それこそ数千円から始めることができます。お金が貯まっていなくても、誰でも利用できます。

なので、「もう少しお金が貯まったら」とおっしゃる方には、「いまは数千円から資産運用をスタートできるので、とにかく始めてください」と申し上げるようにしています。

また、「もう少し勉強してから」という人も同じです。

そもそも資産運用や経済、金融の勉強って、始めたらキリがありません。範囲も広いし奥も深い。それを50歳になってから勉強しようとして、プロの知識に追い付くのは絶対に不可能です。

これもやはり心の底では「資産運用なんて面倒」などと思っている人の言い訳に過ぎません。

この2つが口癖になっているうちは、絶対に資産運用を始めることはできません。老後資金の不安を払拭させるために、今日から禁句にしましょう。

CHAPTER 04

第4章

50歳を過ぎたらやってはいけない「保険」の話

保険は「いざというときの備え」と信じる人の悲惨な末路

Cさんは54歳。大学を卒業して大手メーカーに就職。転職をすることもなく、このまま無事に定年まで勤めあげることになりそうです。2人の子供は、すでに社会人として独立しています。2歳年下の妻は年収103万円の範囲内でパート勤めです。

55歳で役職定年を迎えるCさんですが、給料が2割減になったとしても、子供の教育費はかからず、住宅ローンもほぼ完済。ただ、気になるのは貯蓄が銀行の定期預金で300万円程度と少ないこと。なぜならCさんは無類の生命保険信者だったのです。

「老後の金融資産ですか。大丈夫です。僕には生命保険という強い味方がありますから」というのが、Cさんの口癖でした。

Cさんが加入している生命保険は、まず定期付終身保険です。Cさんが亡くなったとき、妻に2500万円の死亡保険金が支払われるのだそうです。

「この保険金があれば、遺族年金になったとしても、妻にお金の苦労をさせることはないでしょう」とCさん。奥様想いですね。定期付終身保険以外に、終身がん保険と終身医療保険もセットで加入。月々の保険料は全部で2万5000円です。

ほかにも、個人年金保険がありました。これ、Cさんが亡くなったときでも、妻がやはりお金に困らないようにと加入したもので、契約者はCさんで、年金の受取人は妻になっています。本当に奥様想いですね（笑）。

まだありました。外貨建ての保険商品です。いま、流行りですね。Cさんが加入していたのは、外貨建ての一時払い定額個人年金保険です。普通の個人年金保険に加入しているのにどうしてわざわざ外貨建ての年金保険にも加入しているのかというと、通貨リスクを分散させるためだそうです。どこで吹き込まれたのか、複数通貨に分散させるとリスクヘッジになるという知識はお持ちのようでした。

さて、本当にこれらの保険は貯蓄代わりになっているのでしょうか。

まず定期付終身保険ですが、契約内容を見ると、Cさんが55歳で保険料の払い込みが満了となり、同時に定期保険の保障期間も終わります。Cさんが加入していた定期付終身保険は定期保険特約部分で2200万円の保障額が設定されていました。定期保険は掛け捨て型の保険なので、保障期間が終われば1銭も戻ってきません。その後の保障は終身保険のみで、この保障額が300万円です。ということは、もしCさんが56歳で亡くなったとき、妻が得られる保障は300万円しかないのです。

次に妻が受取人になっている個人年金保険ですが、これは満期まできちんと保険料を払い込めば、元本を割り込むことはありません。ただ、運用利回りという点で見れば、決して高くはありません。現在もさまざまな個人年金保険がありますが、解約返戻率を年利回り換算した場合の数字は、0・1～0・2％程度です。

定期預金の利率が0・01％であることから考えれば低くはありませんが、個人年金保険は20～30年という長期間にわたって保険料を積み立てていく商品です。生命保険料控除という税制メリットはありますが、この程度のリターンなら、iDeCoやつみたてNISAのような非課税口座で投資信託に積立投資したほうが、高いリターンが期待できそうなものです。

もっと言えば、Cさんが契約者で受取人が奥さんの場合、満期保険金に対して贈与税がかかります。110万円までの贈与税の非課税枠はありますが、ほとんどリターンがないのに贈与税で持っていかれてしまっては、運用になっていません。

そして、通貨リスクを分散させるという狙いで加入した外貨建ての一時払い定額個人年金保険。この手の保険商品は仕組みが複雑で、どこに罠が隠されているか見えにくい部分があります。ある外資系保険会社の外貨建て一時払い定額個人年金保険は、保険料を一時払いした時点で、そこから契約に関連する費用を先払いさせられます。加えて為替手数料、保険商品なので保障に関連した費用、運用に関連した費用が保険期間中、ずっと引かれ続けます。言うなればコストの塊のような商品設計になっているのが、外貨建ての生命保険なのです。さらに保障は「外貨建て」、日本円に戻すときに円高になっていれば、為替で損をしてしまいます。

いかがでしょうか。以上の点をCさんにご説明したところ、呆然としていました。自分自身は有利な資産形成と思っていたのですから当然でしょう。

正直、外貨建ての生命保険などは典型なのですが、中途解約すると、それ以前に差し引かれていたコストがあまりにも大きいため、簡単に元本割れをしてしまいます。定期付終身保険に至っては、55歳まで払い続けた保険料は総額で500万円以上ですが、Cさんが保険料の払い込みを満了する55歳以降も生存していたら、死亡保障は300万円にしかなりません。完全な元本割れです。保障ですから元本割れという考え方も本来おかしいのですが、保険を老後の金融資産と考えていること自体がそもそもおかしいのです。

日本人の中には、なぜか生命保険を貯蓄の一種と考えている人が多いのですが、決してそんなことはありません。資産運用と保障は別ものとして考えるべきなのです。

生命保険で資産形成をしよう
と思ってはいけない

生命保険商品の本分は保障

日本人の多くは保険に対して絶大な信頼を置いています。なぜでしょう。個人金融資産は２０１８年12月末時点で１８３０兆円あるのですが、この53・８％に相当する９８４兆円が現金・預金で、それに次ぐのが３７１兆円の保険なのです。比率にして20・３％で、これは投資信託の３・７％をはるかに上回ります。

不思議ですよね。いまでは投資信託だって積立投資が簡単に行えますし、税制優遇のｉＤｅＣｏやつみたてＮＩＳＡで投資信託を積み立てることができるようになりました。それでも圧倒的に、個人金融資産に占める保険の比率が高いのです。

確かに昔、一時払い養老保険のように、貯蓄型として大人気を集めた保険商品もありました。これは満期時に加入者が生きていた場合、払込保険料を上回る満期保険金を受け取れるという保険商品ですが、昨今は運用利回りが大幅に低下していて、運用商品としての魅力は大幅に低下しています。

にもかかわらず「保険はお得」の残像が目に焼き付いているのですね。

そもそも生命保険商品の本分は「保障」にあります。なのに、無理やり「運用商品」に仕立てようとするから、おかしなことになるのです。

これは私の推測に過ぎませんが、きっと保険会社は個人向けの資産運用ビジネスに乗り出したかったのだと思います。でも、保険会社である限り、純粋な運用商品を募集・販売することはできません。だから、保障と運用を組み合わせた中途半端な保険商品を販売するようになったのではないでしょうか。

Cさんが購入した外貨建て生命保険もそうですし、変額年金保険などは、別に投資信託だけで運用すればいいのに、なぜか無理やり保障部分をくっつけることによって保険商品に仕立て上げた、実に奇異な感じのする商品でした。

変額年金保険は、保険加入者が保険料を一時払いした後、特別勘定と言われるファンドを選び、運用するというものです。

特別勘定は世界中の株式や債券で運用される複数のファンドから構成されており、保険加入者はその中から自分で組み合わせを考えて分散投資したり、あるいはあらかじめ「安定型」「安定成長型」「成長型」というようなリスク・リターンの度合いに応じて選んだりするなど、いくつかのタイプがあります。が、いずれも特別勘定の中身は投資信託です。

死亡保険金は一時払いした保険料と同額か、それを多少上回る額になります。また、保険期間が満了した時点で受け取れる年金の額は、特別勘定の運用成果によって決まります。運用成果が芳しくなければ、加入したときに支払った一時払い保険料よりも、受け取る年金の額が少なくなることもあり得ます。

保障と運用は切り離したほうがいい

変額年金保険のおかしなところは、保険商品だから仕方がないと言えばそれまでなのですが、保険商品であるがゆえに、保障機能を付けなければならないことです。そのため、**保障部分を確保するためのコストが必要になるため、純粋に運用に回せるお金が少なくなります。運用に回せるお金が少なくなれば、その分だけ運用利回りは低下せざるを得ません。**

それに、保険好きな日本人の大半は、一定の保障が得られる生命保険に加入しています。それなのに、変額年金保険で別の保障を得ようとすること自体、おかしな話です。しかも、その保障額は、一時払い保険料とほぼ同額にしかならないのです。

それならば、わざわざ変額年金保険などに加入しなくても、投資信託を購入して、もし何か不幸なことが起こったら、投資信託を解約して必要資金を手当てすれば済む話です。あるいはそもそも死亡保障として考えるのであれば、少ない掛金で大きな保障が得られる、いわゆる生命保険で十分です。

なぜ変額年金保険が一時、とても人気を集めたのかというと、「保険なのだから、大幅に元本を割り込むようなことにはならない。それに万が一のときには払い込んだ保険料とほぼ同額の保険金が出る」という程度の認識だったのだと思います。

でも、**実際には保険料を払い込んだ時点で、投資信託の購入手数料や信託報酬よりも、はるかに高いコストが差し引かれていたはずです。**

この点からも、保障と運用は切り離したほうがいいことがわかると思います。**保険で資産形成をしようなどとはせず、あくまでもいざという場合の保障に限定して、生命保険に加入することをお勧めします。**

夫婦2人のために高額保険料を払ってはいけない

払い込みが終わると保険料が一気に下がる

定期付終身保険という、一時期流行った保険商品があります。おそらく加入している人は多いのではないでしょうか。その名前の通り、終身保険に定期保険を組み合わせたものです。

終身保険というのは加入者の一生涯、保障が続く保険商品です。これに対して定期保険は、一定期間のみ保障される保険商品です。

この2つを組み合わせると、たとえば30歳で加入し、保険料の払い込みが満了する55歳時点まで手厚い保障を付け、保険料の払い込みが終わる55歳以降は生涯続く終身保険のみに切り替わるという仕組みをつくることができます。

よく考えられた商品です。30歳で結婚して35歳で子供ができたら、その子供が成人するのが55歳です。それまでは学費も含めて何かと物入りです。そのような時期に一家の大黒柱が病気で亡くなったりしたら、残された家族は路頭に迷ってしまいます。だから、定期付終身保険で、せめて子供が成人するまでは保障が手厚い保険にしましょうということで、確かに理に適っています。

問題は保険料の払込満了となる55歳以降の保障です。たとえば55歳までは3000万円の保険金が出る契約になっていても、保険料の払い込みが満了になり、終身保険のみに切り替わると、いきなり保険金額が300万円に下がってしまうのです。

なぜ、そこまで保険金額が減るのかということですが、これは毎月払い込んでいる保険料の中身を分解するとよくわかります。たとえば月々の保険料が1万5000円だとすると、このうち終身保険部分の保険料は4000円程度で、残りの1万1000円は全部定期保険に回されているのです。

ちなみに定期保険は掛け捨てなので、「終身保険」と言われているものの、保険料の大半は掛け捨て部分に回されていることになります。これ、けっこう誤解している人が多くて、大型保障が終身続くと思っているケースがあるので、気になる人は保険会社から定期的に送られてくる「契約内容のお知らせ」に目を通すといいでしょう。

たまに定期付終身保険の説明をすると「保険会社に騙された」と感情的になる方がいますが、家庭のライフサイクルを考えるとこの保険は合理的なのです。親の責任として子供が成長すると保障額が減る、あとは夫婦2人なのだからお葬式代程度があればよいでしょ、という話をみなさんもお聞きになっているはずです。

でも、高い保険料をいままで払ってきたのに、いきなり保障が下がるなんてとなんとなく不愉快になる、これはちょっと自分勝手です。**なんとなく、そんなもんだろうと思わず、契約時に契約内容を確認することは基本中の基本です。**

必ず妻が後に残されるとは限らない

さて、すでに子供が独立して、夫婦2人の生活になっていることが前提ですが、**定期付終身保険に加入していて、間もなく保険料の払込期間が満了するという方は、中途解約を検討してもいいのではないでしょうか。**

「いやいや300万円でも夫が亡くなったときに保険金が入るのは心強い」という声が、受取人の奥様から聞こえてきそうですが、実は夫よりも妻のほうが先に亡くなるケースも十分に考えられます。

これも保険の七不思議なのですが、なぜか保険に加入させたがるのは妻のほうで、夫は実のところあまり保険に関心がないというパターンが多く見られます。

確かに平均寿命でも健康寿命でも女性のほうが上ですから、自分が一人遺されたときの生活が心配と夫の生命保険はガッツリ入るというのもわかります。しかし、だからといって必ず妻が後に残されるとは限らないわけです。

妻が先立てば、３００万円の保険金を受け取る機会はないわけですし、妻が夫よりも先に亡くなる確率は半々です。**自分が最後は生き残るという、たった50%の確率に賭けるくらいなら、子供が独立した時点で解約し、解約返戻金を受け取ったほうが、生きたお金の使い方ができるかも知れません。**

解約返戻金で投資信託を購入して運用するのもいいですし、老後の生活費に組み入れてもいいと思います。夫婦にとって有意義なお金の使い方ができるのです。

子供が独立して夫婦２人の生活になったら、手厚い保障はいりません。入っておけばいいのは医療保険くらいでしょう。ましてや独身だったらなおのこと、手厚い保障は不要です。**ただでさえ収入が減るのですから、高額保障を受けるために高い保険料を払う必要は、どこにもないのです。**

保険外交員の情にほだされてはいけない

たい焼き1個で300万円の契約？

保険の外交をしている方の武器って、なんだかご存知ですか。

ＧＮＰという言葉があります。経済用語の「国民総生産」ではなく、「義理・人情・プレゼント」のことで、保険の外交員にとっての武器というわけです。

インターネットの保険会社にはいっさい関係ありませんし、保険代理店というと少しこのあたりからは離れると思うのですが、旧来の保険外交員になると、いまでもＧＮＰを積極的に駆使して、保険契約を取って歩いている人がまだまだいます。

別に大したものをプレゼントしているわけではないのです。たとえば、季節が変わるたびに「お元気ですか？」などと書いたお手紙を差し上げる人もいますし、「先日、ちょっと出かけたもので」とか言って、その土地のお土産を持って来る人もいます。

私の知人から聞いた話ですが、手土産を持っていくときのテクニックとして、箱詰めで持っていかないそうです。たとえば、たい焼きを1個か2個買って袋に入れてもらい、「駅前のお店で、ちょっとおいしそうだったから買ってきました」と言って渡すと、効果てきめんだそうです。

つまり仰々しくするのではなく、さりげなく、ちょこっとだけというのが、人間心理に効くというお話です。そうすることによって、「ああ、この人はいつも私のことを考えてくれているんだ」という気持ちにさせられるのだそうです。

これ、営業相手が高齢者になるほど効果的だと思います。何しろお年寄りは寂しがっていますから、そんなところに、ちょっとした手土産を持って何度か顔を出せば、最小限の出費で、非常に大きなビジネス効果を上げることができます。

ある程度まとまったお金を持っている高齢者であれば、保険料を月払いにするのではなく、300万円あるいは500万円というような、まとまったお金で、保険料を一時払いにしてくれる可能性も高まります。一時払いのほうが、保険会社としては多くの手数料が取れるので、外交員の営業成績も上がります。

自分だけでなく、親にも注意！

そういうカラクリですので、自分が年を取ってきたら、保険外交員のやさしい言葉には注意しましょう。彼らはターゲットを見極めたら足繁く通い、暇を持て余している老人の話し相手になり、契約を取ろうとします。

そしてなぜか、顧客であるはずの高齢者が、「いつもお世話になっているから」など変な誤解をして、契約書に印鑑を押してしまうのです。

まさにGNPに絡み取られた末路のようなお話です。

これは自分だけのことでなく、あなたの親がこの手の保険外交員のターゲットになっていないかどうかをチェックしておくことも重要です。知らない間に、とんでもない保険契約を結ばされている危険性があるからです。

この手の問題を回避するためには、小まめに年老いた親とコミュニケーションを取ることです。遠くに住んでいるなら、電話でもいいのです。さりげなく、「最近は、どんな人と会っているの？」などと聞いてみましょう。**「そうね～、保険会社の人がよく来てくれて、よくしてくれるんだよ」などと言い始めたら、絶対に保険に加入しないように念を押すようにしましょう。**

「保険の呪い」には耳を傾けてはいけない

保険を解約すると不幸が起こる？

もう本当に保険の外交員って凄いなあと感心させられるのが、とにかく話のポケットをたくさん持っていることです。

「保険の呪い」ってご存知ですか。

定期付終身保険に加入している人が、もう子供も独立したから解約しようと思って担当者にその旨を告げると、**「解約するのはいいのですが、大丈夫ですか？　いえ、私のお客さんの話なんですが、保険を解約した途端、大病しましてね。何とか一命は取り留めたのですが、そういうケース、多いんですよ」**などと言われるのです。

保険外交員は、とにかく怖い話の引き出しをたくさん持っています。**「僕の友だち**

は20代で心筋梗塞になり、奥さんが非常に苦労した」といった具体的な話をしてきます。しかも仕事柄、病気に関する勉強をしているので、なおさらリアルに語ります。「まさか〜」なんて言って笑い話にしたいところですが、いい気持ちはしませんよね。結果、「やはり解約するのは止めておきます」などと言ってしまうわけです。

でも、どう考えても非合理的な話です。保険なんて入っても入らなくても、人間、死ぬときは死にます。

保険を解約すると悪いことが起こるなら、保険を解約しなければ健康な状態が続くということになりますが、それは保険会社が自らの存在を否定するようなものでしょう。保険に加入している人は、自分の身に何か不幸が起こったときの備えとして保険に入るわけですし、現実に保険金は支払われているわけです。つまり、**保険に加入していても、不幸は起こります。**

感情ではなく、数字で決める

なぜ、そんな保険の呪い話をするのかということですが、もちろん解約されると自分の営業成績が下がるから嫌だというのも理由の1つですが、やはりもしものことがあったとき、寝覚めが悪いということもあります。

ある人が保険を解約して、その翌日に亡くなりましたとなると、解約しなければ出たはずの保険金が出なくなります。保険契約の存在を知っていた遺族から、「解約した翌日に亡くなったのに、保険金出ないの？」などと言われ、揉め事になるケースもあるのです。そういう面倒に巻き込まれたくないということも、保険の呪い話をする背景にはあります。

とはいえ、やはり保険販売の現場は、前述したＧＮＰではありませんが、どうも情に訴えて契約を取る傾向はあります。

それは生命保険のテレビＣＭを見てもわかります。可哀そうな映像を流した後、「保険は天国のお父さんからのプレゼント」なんてテロップが流れたりします。

保険に加入するべきか、あるいは加入している保険を解約するべきかについて考えるときは、感情論ではなく、その保障が自分や家族にとって必要なものなのかどうかを冷静に考えて、あくまでも数字の面から要不要を判断するようにしてください。

特に国の保障である健康保険制度や遺族年金や障害年金などの話もせずに、人情話で保険の加入をせまる保険外交員とは距離をおきましょう。

一時払い終身保険に退職金で加入してはいけない

一生涯の保障？　相続税対策？

保険の営業担当者って話術が巧みなので、ついつい乗せられてしまいがちです。

たとえばCさんのように定期付終身保険に加入している人は、保険料の払い込みが満了するのと同時に、定期保険特約の保障がなくなるので、「少額の終身保険部分だけでは老後の保障として不安でしょうから、退職金で一時払い終身保険に加入してはいかがでしょうか」と言ってくるはずです。

一時払い終身保険とは、保険料を一時払いにする終身保険のことです。最初にまとめて保険料を払い込んでしまえば、あとは一生涯の保障を得ることができます。これがいま、定年を迎えたシニア世代の間で人気を集めています。

まず、営業担当者が言うメリットを挙げておきます。

「一生涯の保障が得られます」「相続税対策ができます」

生命保険には相続の際の非課税枠というものがあります。たとえば、受取人が被保険者の法定相続人の場合は、「500万円×法定相続人」の分だけ非課税となります。

たとえばCさんのケースですと、法定相続人は妻と2人の子供の3人ですから、「500万円×3人＝1500万円」が非課税になります。つまり、Cさんが亡くなったとき、一時払いにした保険料の1000万円と、そこに上乗せされる多少の運用利回り分については、非課税で法定相続人に相続できるのです。

2015年1月1日から、相続税の基礎控除額が40％も引き下げられてから、生命保険の非課税メリットを活用した提案が、頻繁に行われるようになりました。

ほとんどの人は相続税と無縁

さて、退職金で一時払い終身保険に加入する意味はあるのかということですが、私はほとんど無意味であると考えています。

「相続税対策になりますよ」といいますが、果たして相続税を払わなければならないほどお金を持っている人は、どのくらいいらっしゃるのでしょうか。

相続税には「基礎控除」といって、あらかじめ相続税を計算するのに差し引ける部分があります。その計算式は「3000万円＋600万円×法定相続人の数」です。

Cさんの場合だと、「3000万円＋600万円×3人」になりますから、相続財産の評価額が4800万円以内なら、相続税は非課税扱いになります。4800万円といったらけっこうな金額です。

死亡者数に対して、相続税が課せられた被相続人の数が何パーセントかを計算すると、相続税の基礎控除額が40％も引き下げられた2015年以降でも、だいたい8％程度です。ちなみに基礎控除額が引き下げられる以前は4％台でした。

ということは、**大半の人にとって相続税は無縁だということです。なので、相続税対策のために一時払い終身保険に入る意味はありません。**

また一生涯の保障が得られる点についても、子供がまだ小さくて、一家の大黒柱が亡くなったときに経済的に困窮するリスクがあるならともかく、すでに子供が独立している場合は、わざわざ保障を得るための保険に加入する必要性はほとんどないと思われます。

それよりも、一時払い終身保険は文字通り、保険料を一時払いするわけですから、保険料の額は１０００万円や２０００万円ではなく、最低でも１０００万円程度にはなります。だからこそ、退職金で一時払いというプランを勧められるわけですが、保障を得るために大事な退職金を１０００万円も費やすのは、むしろデメリットと考えるべきでしょう。


一時払い終身保険は、加入して10～15年が経過して解約すると、解約返戻金の額が一時払い保険料を上回り、解約しても損が出ないようになりますが、利回りで見ればほとんど魅力はありません。

そのようなものに１０００万円単位のお金を10年、あるいは15年も縛り付けておくのは、決して得策ではないと思います。

個室に入る前提で医療保険に加入してはいけない

元を取るには5年に一度の長期入院が必要

いざ入院となったとき、できれば個室に入りたいと思う人もいるでしょう。ただ、個室は入院費が高くなります。大部屋であれば、健康保険の範囲内で入院費を賄えますが、個室や特別病室になると、健康保険の適用外になるので、差額分を自己負担しなければなりません。もちろん高額療養費制度も適用されません。

この差額分を「差額ベッド代」というのですが、金額は病院によって異なります。都心の大きな病院になると2万円くらいします。もし15日間入院すると、30万円を自己負担することになります。経済的な負担としては重いと言わざるを得ません。

こんなときに使えるのが医療保険です。この差額ベッド代を見越して、日額1万円が出るような医療保険に加入しておけば、いざ入院したときの差額ベッド代がカバーできます。これでもう安心ですね。

そう言いたいところですが、**差額ベッド代をカバーするために医療保険に入るというのは、かなりバカバカしい考え方です。**

ある外資系生命保険会社の医療保険に加入した場合をシミュレーションすると、日額1万円の医療保険に対する保険料は、健康祝金、短期入院定額払い、通院保障などが付加されていないシンプルなものでも月額6507円。これらの特典がすべて付加されたものだと月額1万921円になります。

ちなみに保険期間・保険料払込期間は終身なので、この保険料を一生涯払い続けることになります。仮にシンプルなコースを選択すると、1年で7万8084円。5年間で39万420円になります。つまり、元を取ろうと思ったら、5年に一度の頻度で大病をし、1カ月以上の長期入院をする必要があります。

わざわざ個室を選ぶ必要があるのか？

そんなのは嫌ですよね。ある程度高齢になっても、健康でいたいものです。

もちろん、それでも病気になるリスクは当然あるわけですから備える必要はありますが、果たして個室に入るためにこれだけの保険料を払い込むことのメリットがあるのかどうかを、しっかり考える必要があります。

もし、50代の後半からこの手の医療保険に加入したものの、実はめちゃくちゃ健康で、80歳まで入院しなかったら、180万円近い保険料を払うことになるのです。

といっても、それは健康な証拠なのだから、本来なら喜ぶべきことなのですが、このように考えると、差額ベッド代のために医療保険に入るというのは、かなり不経済であると思えてくるのです。

でも、そもそもの話をすれば、病院に入院するのに、わざわざ個室を選ぶ必要があるのかということを考えたほうがいいでしょう。

よほど近くに他人が寝ているのが気になって、なかなか寝付けないというのであれば、入院して精神や健康を損ねる恐れがあるので、個室を選択する意味もあると思いますが、そうでなければ大部屋でも支障はきたしません。

最近はカーテンの間仕切りもしっかりしていますから、他人の目などほとんど気にならないはずです。

50歳以上の単身者は生命保険に入ってはいけない

誰に財産を残すの？

「平成ジャンプ」だった人は、もう生命保険なんていっさい考えなくて大丈夫です。

平成ジャンプというのは、平成の30年間も独身で、そのまま令和になったという単身者のことですが、昭和の時代に結婚適齢期で平成の30年間を独身で過ごしたということは、いまの時点で50歳を超えているわけです。財産を残さなければならない人がいないのですから、生命保険は不要です。

とはいえ、実は若い頃、社会人になったばかりのときに、職域営業で回ってきた保険のセールスレディの押しに負けて加入した生命保険を持っている人もいると思います。**その保険、さっさと解約してしまいましょう。**

保険の種類にもよりますが、仮に悪名高き定期付終身保険でも、いくばくかの解約返戻金は出るはずです。加入している保険会社に、「いま、自分の保険を解約したら、解約返戻金はいくらになりますか」と聞けば、すぐに教えてくれます。ある程度の返戻金があるならば、解約して受け取り、自分で運用すればいいでしょう。

おそらく、単身者で生命保険に加入している人は、親が受取人になっている可能性があります。冷静に考えれば、自分よりも親のほうが先に亡くなるわけですから、親を受取人に指定していること自体、おかしな話です。むしろその逆で、親が亡くなったとき、自分に保険金が下りるようにしてもらいたいというのが、本音でしょう。

いくばくかでも保険金が入れば、自分の老後を豊かなものにできます。「お前は親が死ぬのを待っているのか」と言われてしまいそうですが、親はどのような生命保険に加入しているのかを、一度確認しておいたほうがいいかも知れません。

病気やケガで働けなくなったときの保険は必要

話がそれてしまいましたが、いずれにしても単身者の場合、少なくとも死亡保障の生命保険に加入する必要はいっさいありません。

つい「医療保険には入っておいたほうがいいかも」と考えてしまいがちですが、医療保険でカバーできる範囲は、かなり狭いのが現実です。たとえば、通院治療では1円も保険金はもらえません。カバーできるのは、「入院」と「手術」のみです。

しかも、高額療養費制度という健康保険にある給付制度で、1カ月に負担する医療費の上限が決められています。年収によって異なりますが、たとえば月収が50万円くらいまでの人の1カ月の医療費負担は8万円程度が上限です。つまり、それ以上は負担しなくてもいいということです。

では、単身者は保険にいっさい加入しなくてもいいのかということですが、たとえば「就業不能保険・所得補償保険」には入っておいたほうがいいかも知れません。

就業不能保険は生命保険会社が、所得補償保険は損害保険会社が扱っていますが、両者とも内容は同じで、被保険者が病気やケガで働けなくなったとき、保険金が下りるというものです。

収入が入ってこなくなることに対する不安を少しでも軽減させるため、この手の保険は加入する意味があると思います。

国の制度を勉強せずに保険に入ってはいけない

医療費負担には限度がある

「国民皆保険」である日本においては、すべての国民は健康保険や厚生年金保険、介護保険などの公的保険に加入しています。その費用は会社員であれば給与の15％にもおよぶほど高額です。

ですから、大きな病気やケガをしたときには、**公的保険をフル活用し、公的保険で賄えない部分を民間保険でカバーするのが賢いやり方です。そのためには、公的保険をよく理解する必要があります。**

病気に罹ったりケガをしたりして病院で治療を受けたとき、医療費の負担を軽減してくれる国の保険が健康保険です。病院の窓口での医療費負担は3割です。

医療費の自己負担額には上限がある

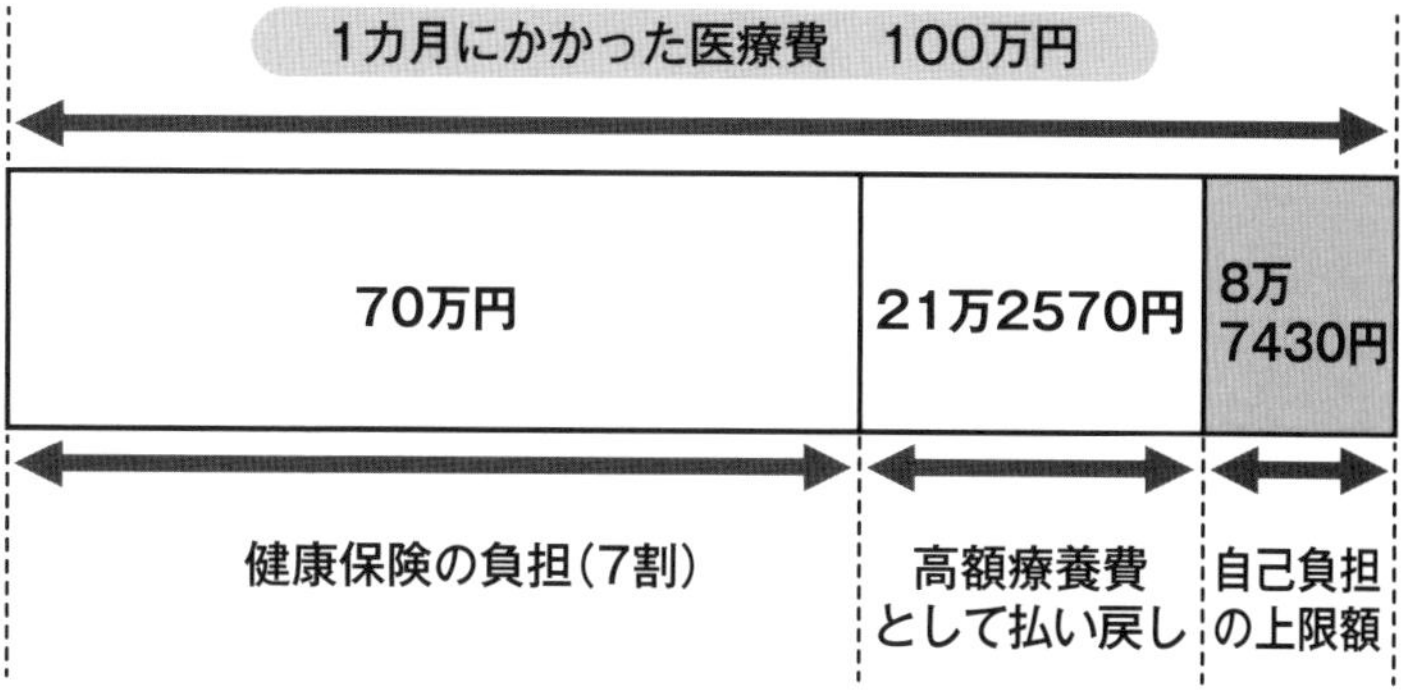

では、手術をしたりして、医療費がかさんだときはどうでしょう？

実際の医療費が１００万円だとすると、その３割、つまり30万円が自己負担になると言いたいところですが、**公的保険には高額療養費という制度があり、１カ月あたりの医療費の自己負担額に上限を設定しています。**上限額は、年齢や所得に応じて変わります（詳細は厚生労働省のサイトを確認してください）。

たとえば、標準報酬月額が30万円の50歳の人なら、１カ月のうちにかかった医療費が１００万円の場合、８万７４３０円が自己負担額の上限になります。つまり、１００万円の医療費がかかるような大きな病気になったとしても、１カ月の自己負担上限額は８万７４３０円となり、この額を超えた分は払い戻されます。

また、**直近1年間で3回、自己負担上限額を超えて高額療養費の払い戻しを受けた場合、4回目以降はさらに上限額が下がります。**重い病気やケガで高額な医療費の負担を心配される方もいらっしゃいますが、医療費負担には限度があるのです。

さらに会社員であれば、病気やケガで働けず、会社から給与をもらえないような場合にも手当があります。**標準報酬月額から算出した標準報酬日額の3分の2が、傷病手当金として健康保険から支払われるのです。**

仮に、標準報酬月額が30万円の方が1カ月会社に行けないとしたら、約20万円が1カ月の傷病手当金となります。傷病手当金は非課税ですから、税金を引かれることはありませんが、社会保険料は免除になりませんので、給与がなくなっても社会保険料は負担しなければなりません。この手当は最長で1年半まで支給されますから、かなり手厚い保障であることがわかります。

とはいえ、傷病手当で20万円を受け取ったとしても、普通に働いて30万円の給料を得た場合に比べると、可処分所得は7万円ほど減ってしまいます。さらにこの中から医療費の負担があります。

傷病手当金のほかにも、障害を負ってしまったときの「障害年金」、また公的保険加入者が亡くなってしまったときの「遺族年金」など、もしもが起こってしまったとしても、国の保険である程度までは賄うことができます。

ただし、公的保険でカバーできる範囲には限界があります。

そう考えると、**安い掛金で一定の保障が得られる医療保険の存在価値は十分あると言えます。また、自営業など国民健康保険に加入している方には、傷病手当がないので、必要に応じて民間の医療保険などを検討しましょう。**

民間保険は掛け捨てを中心に検討する

民間保険は、万が一のときに経済的な損失を埋めるためのものですから、そもそも貯蓄とは異なります。したがって保険商品を選ぶときは、掛け捨てを中心に検討するのがシンプルでお勧めです。

がん、脳卒中、心筋梗塞といった「三大疾病」と呼ばれる病気は、罹ってしまったときの経済的なリスクが大きいので、**三大疾病を民間保険で補完し、そのほかの病気は公的保険を中心に考えるなど、リスクの大きさで区別してもいいでしょう。**

公的保険と民間保険を賢く使う

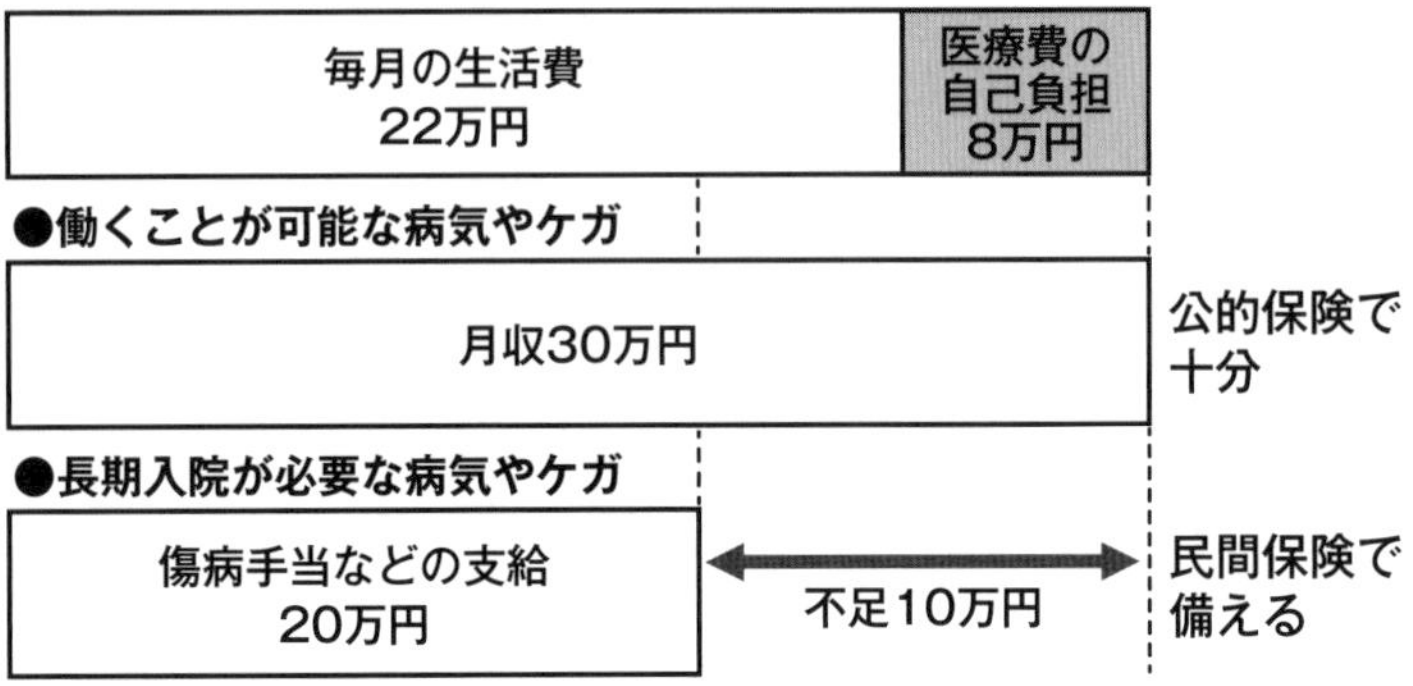

また、民間保険を検討する際に、特に大企業にお勤めの会社員で「組合健保」に加入している方は、組合の付加給付を確認してください。

組合健保は、通常の健康保険よりプラスアルファの給付、付加給付がある場合が多いのです。付加給付の内容によっては民間の医療保険は必要ないかも知れません。ただし、転職されると健康保険組合の保障内容も変わるので、適時見直しが必要です。

自分が抱えている経済的リスクをまずは公的保険でどの程度カバーできるのかを考え、それでは足りない部分だけを民間保険で補完する。

公的保険と民間保険を賢く使うことで、無駄に出ていくおカネを減らし、脱老後貧乏へとつながるのです。

CHAPTER 05

第5章

50歳を過ぎたらやってはいけない「預金」の話

支店長のご挨拶で「いい気持ち」になった人の悲惨な末路

Dさんは百貨店勤務。60歳で定年を迎え、そのまま65歳までの再雇用に応じました。雇用延長ではなく再雇用のため、60歳で規定の額の退職一時金を受け取りました。金額は1600万円なので、いいほうだと思います。

ご自身でもほぼ満足のいく退職金でしたし、再雇用で元の職場で引き続き同じ仕事で働くため、特に気を遣うこともなければストレスもなく、現役時代に比べて格段に下がるとはいえ収入も得られます。これまでのように責任も求められないし、自分が身に付けてきたノウハウを部下に伝授するという使命感に燃えて、Dさんは毎日が楽しそうでした。

ある日、Dさんが自宅でくつろいでいると、給料の振込口座に指定している銀行の人から電話がかかってきました。

「Dさんですか。いつもお世話になっております。このたびは定年おめでとうございます。実は当行の支店長が一度、Dさんにご挨拶をしたいと申しております。もし支店の近くにお越しの際は、ぜひお立ち寄りください」

再雇用によってセカンドキャリアをスタートさせたDさん。銀行の支店は職場の近くにあるので、お昼休みにちょっと行ってみることにしました。

「こんにちは。Dと申します。先日、お電話を頂戴し、支店長が何か私に用事があるとか……」

「あ、D様ですね。お待ちしておりました。少々お待ちください」

銀行のフロア担当者が支店長にDさんが店頭に来ていることを伝えに行きました。しばらくして、Dさんは支店の応接室に通されました。

会議室ではなく応接室です。立派な革張りの応接セットが中央に配置され、壁には立派な絵がかけられています。店頭の騒がしい音は全く入ってこず、シーンと静まった空間。もちろん、Dさんが銀行の応接室に入った経験は一度もありません。若干、緊張の面持ちで支店長が入ってくるのを待ちます。

５分ほどが過ぎてから、支店長が入ってきました。

「D様。いつも当行をご利用いただきありがとうございます。また、無事に定年を迎えられたとのこと。おめでとうございます。いえ、実はD様が○○百貨店にお勤めでいらっしゃると聞きまして。実は、私も個人的によく使わせてもらっているお店なものですから、一度、ご挨拶だけでもと思いまして」

それからしばらく世間話に花が咲きました。しかも、この支店長、Dさんの大学の後輩でもありました。すっかりDさんは先輩風を吹かせています。

「支店長、同じ大学のよしみだ。これも何かの縁だし、何か必要なことがあったらいつでも相談に乗るから」とDさん。

「ありがとうございます。何かあったときは是非とも、お力添えください。センパイ」と支店長。

もちろん、支店長がDさんと同じ大学というのは全くのウソです。

それから数日が経ち、支店長はDさんの自宅を訪ねました。再雇用とはいえ、週に4日だけ職場に行くことを、すでに支店長はリサーチ済みです。

「たまたま近くの取引先に来たものですから。センパイの社会人時代の武勇伝などを伺いたく、ずうずうしくも立ち寄らせてもらった次第です」

菓子折りを持っての訪問です。

「ついでと言っては何ですが、当行に入ったばかりの新人です。とても仕事熱心なのですが、まだお客様が少なくて。センパイがこれまでどのように立派なお仕事をしてこられたのか、彼にも教えてやってください」

この言葉がDさんの自尊心に火を点けました。

「君、何かあったらいつでも相談に来なさい。支店長は私の後輩だ。後輩からの頼みとあっては断れない。遠慮せず、何でも言ってくれ」

このやりとりは、いまから3年前のお話です。Dさんは憔悴しきった顔で私のオフィスに相談に見えました。

「いや、あの新人君から私の退職金が普通預金のままになっているので、運用してはどうかと提案がありまして。支店長からお勧めの商品ということで新興国の株式市場に分散投資する投資信託を購入しました。これから新興国はどんどん成長するから、センパイの退職金も大きく増えますなどと言われたのですが、株価が急落して半分くらいになってしまいました。しかも繰上償還が決定したとかで、損したまま償還金が戻ってきてしまったのです」

Dさんは支店長に相談しようと支店を訪ねたそうです。そうしたら、定期異動で他県の支店に転勤したとのこと。もう、お気の毒としか言いようがありませんでした。

退職金を焦って運用してはいけない

退職金は普通預金のままでいい

退職金は、現役のときに給与振込に用いていた銀行口座に振り込まれます。やはりまとまった金額のお金が普通預金口座に置いてあったりすると、「何か買わなきゃ」「何かで運用しなきゃ」と思う人が多いようです。

Dさんの失敗は、支店長から自尊心をくすぐられたこともありますが、おそらく心のどこかで、**「こんな超低金利のときに、普通預金に1600万円も預けたままにしているのもなあ。何か大きく増やす手立てはないものだろうか」**という気持ちがあったのだと思います。

そこにタイミングよく支店長から「お会いしたい」という連絡が来て、実際に会ったら、実はDさんの後輩という話になって一気に親密度が増し、さらに後日、菓子折りを持ってわざわざ自宅に立ち寄ってくれ、かつ支店の新人に仕事を教えてくれとまで言われて、さぞかしDさんは気分がよくなってしまったのでしょう。

Dさんの「何か運用しなければ」という焦りの気持ちと、自尊心を上手にくすぐった支店長の心理作戦は、大いに成果を挙げました。完全にDさんの負けです。

でも、**退職金なんてずっと放置しておけばいいのです。**

これは面白いほど多くの方に共通するのですが、退職金をそのまま置いておけないのです。どうも大きなお金は銀行の普通預金ではなく、「何かに変えなくちゃ」と思ってしまうようですね。退職金おそるべしです。

退職金を焦って何かに変える必要はありません。一呼吸おいて、ゆっくり考えたらいいのです。

特に、これまで投資をしたことがない人は、いくら退職後に時間があるからといって、株式投資やFXに手を出すのはご法度です。ビギナーズラックで儲かるケースはありますが、大概の人は大失敗します。

だからこそ、投資信託で運用するということも視野に入ってくるわけですが、こと退職金の運用に関して、全額を投資信託の買付に回すのは避けましょう。Dさんのように銀行の口車に乗せられると、容赦なく退職金全額をロクでもない投資信託の買付に回されますので、注意してください。

もちろん、投資先のマーケットの環境がよければ、利益が得られますが、マーケットの環境が悪化すれば、運用成績がマイナスになり、かつ途中で繰上償還されるケースもありますし、そうならない投資信託を選ぶのが、また一苦労です。

退職金は老後の生活を支える大事なお金ですから、不用意に金融機関から勧められる投資信託を買うべきではありません。

退職金で買うなら個人向け国債

とはいえ、全く運用せずにいるのは、将来のインフレリスクを考えると不安という人もいらっしゃるでしょう。いざ、退職金の1000万円を使って施設に入ろうとしたら、そのときにはインフレが進んでいて、1000万円ではお金が足りないということも考えられます。

その点では運用したほうがいいのですが、前述したように、株式もFXもご法度ですし、投資信託は選別が難しい……。どうすればいいのでしょうか。

私がお勧めしたいのは「個人向け国債」です。それも変動金利の10年物です。

「変動10」と称されるこの個人向け国債は、償還までの期間が10年で、半年ごとに適用利率が見直されます。ちなみに、2019年5月現在の利率は年0・05％です。決して高い利率ではありませんが、変動金利ということからもおわかりいただけるように、将来金利が上昇したときは、半年ごとに利率が上昇します。

基本的に金利は物価との見合いで決まりますから、インフレになるほど変動金利の適用利率も上昇します。つまり、インフレリスクをヘッジする効果も期待できます。

そのうえ、**個人向け国債には、購入してから1年間は解約できない決まりがあります。これによって強制的に、退職金を1年間、封印できますから、この間に投資先を慎重に検討する時間がつくれます。**

証券会社、メガバンク、地方銀行、信託銀行、第二地方銀行、農林中央金庫、農業協同組合、信用金庫、信用組合、労働金庫、ゆうちょ銀行というように、あらゆる金融機関の窓口で購入できますから、普通預金に預けたままが不安な方は、個人向け国債を買い付けてはいかがでしょうか。

銀行なら「どこでも同じ」と思ってはいけない

ひと昔前に比べれば大違い

「銀行なんて、どこに口座を開いても同じ」なんて思っていませんか？

そのため、自分がこれまで給料の振込指定をしていた銀行を、定年後もそのまま使おうとしている人は、けっこう多いのではないかと思います。

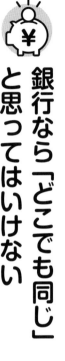

私は、その考え方には賛成できません。**銀行でも証券会社でも、サービス内容や品揃え、銀行なら預金の利率などをきちっと比較したうえで、自分にとって最適な金融機関を選ぶことが肝心です。**

ちなみに多くの人にとって「銀行」と言えば、駅前に支店を構えた銀行をイメージすると思います。実際、給料の振り込みを指定しているのは、この手のところが多いのではないでしょうか。

でも、**銀行であればインターネット銀行という選択肢もあります。**証券会社もそうです。いままで一度も使ったことがないと、新たに口座を開設しなければならないため、その手続きの煩わしさから気が進まないという人もいると思うのですが、いまどき、インターネット銀行やインターネット証券会社を使わないほうが損をします。

なにしろ、店舗型の金融機関に比べて品揃えが豊富です。たとえば、つみたてNISAで投資をしようとするならば、これはもう断然インターネット証券会社のほうが、扱っている投資信託の数が多いので、選択する自由があります。

あるいは預金金利も、この超低金利で絶対的な水準は低いものの、メガバンクなどに比べてインターネット銀行のほうが高めです。

「銀行なんてどこに行っても同じだよ」とおっしゃる方もいますが、**金融の自由化もひと昔前に比べれば大きく進みましたので、サービス、取扱商品の品揃え、預金金利など、いずれも比較するとかなり違ってきました。**

つまり「銀行なんてどこでも同じ」などと言っている人は、せっかく有利な条件で取引できたはずなのに、そのチャンスを自ら捨ててしまっているようなものなのです。

金融機関の口座を断捨離しよう

なので、退職金が入るまであと少しというタイミングになったら、これから、どの金融機関とメインで付き合っていくべきかを考えることをお勧めします。

それと同時に、**これまでの金融機関の口座については、整理することも考えたほうがいいでしょう。金融機関の「断捨離」をするのです。**

最近はあまり聞きませんが、50歳以上の人なら、社会人生活をスタートさせたときに給与振込口座をつくり、仕事の付き合いで口座をつくり、そこでクレジットカードをつくりと、口座やカードをたくさん持っている人もいると思います。

果たして、こうして過去につくってきた金融機関の口座のうち、いまも稼働しているのはいくつあるでしょうか。ほとんどないでしょう。

あまりにもいろいろな金融機関の口座を持っていると、今度はあなたの子供たちがあなたの資産を把握する際に苦労することになります。**定年になれば、銀行口座なんて自分専用と、あとは夫婦共有の2つもあれば十分です。**

60歳を過ぎたら金融機関の口座を断捨離しましょう。

キャンペーン金利に乗せられてはいけない

キャンペーン金利には大きな落とし穴がある

「キャンペーン金利」をご存知でしょうか。一定期間、定期預金の利率を大幅に引き上げてくれるというサービスです。

銀行預金の利息はいま、日銀のマイナス金利政策によって、ほぼないに等しいくらいに下がっています。本来なら定期預金は、預入金額や預入期間が異なれば金利も異なるはずなのですが、金利水準そのものがあまりにも低くなりすぎたせいか、いまや定期預金は預入金額の多寡、預入期間の長短に関係なく、すべて年0・01％の利率で統一されています。

そのような金利情勢のなかで、たとえばスーパー定期の利率が年2・5％などと提示されたら、多くの人が注目するに違いありません。

何しろ日本人は預金が大好き。1830兆円ある個人金融資産の53・8％に相当する984兆円が、現金・預金のまま保有されているくらいですから、その利率が年2・5％にもなるなどといったら、それは色めき立つでしょう。

でも、ここに実は大きな落とし穴があるのです。

ある銀行が期間限定で行っている資産運用パッケージは、インターネット専用プランとして、投資信託を500万円以上かつ申込総額の50％以上で購入すると、スーパー定期の利率が年7％になるという大盤振る舞いです。

たとえば、手元資金が1000万円だとしたら、500万円で投資信託を買い付けることによって、残りの500万円については、年7％で運用できるという話です。

正直、大半の人はこのカラクリに気付かないのだと思います。どのようなことが書かれているのかを、もう一度じっくり目を通してみると、**「スーパー定期初回3カ月限定パッケージ金利として年7％」と明示されています。**

どういうことかというと、**年7％はあくまでも3カ月間の利息を年換算したものという意味です。単純に計算すると、年7％で3カ月間ですから、7％の4分の1が期**

キャンペーン金利を年利と思ってはいけない

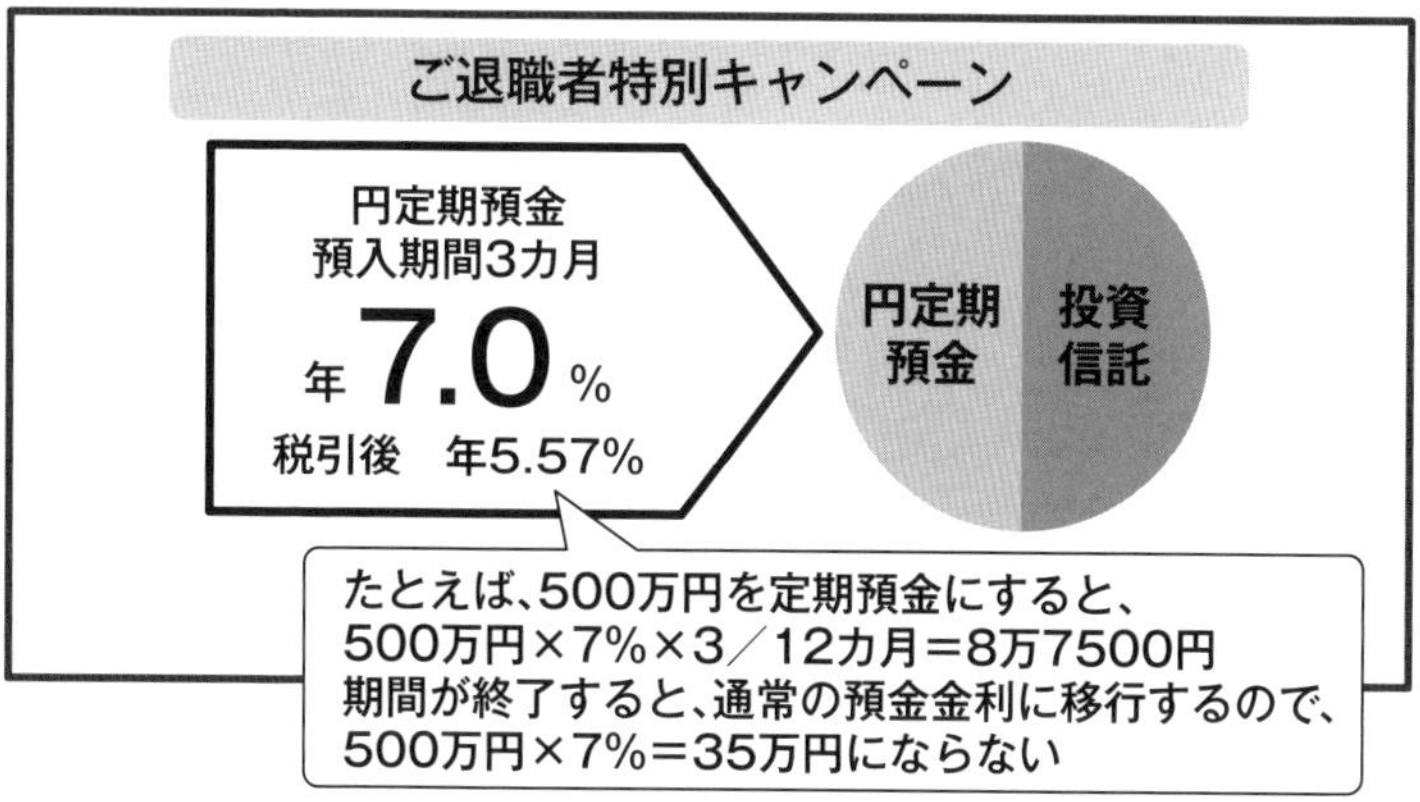

間収益ということです。

もし１０００万円をこのプランで運用すると、何が起こるのでしょうか。投資信託の購入を５０％とすると、預金は５００万円になります。最初の３カ月間は年７％ですから、金利（税引き前）は次のようになります。

５００万円×７％×３／12カ月＝８万７５００円

そしてキャンペーン期間が終了すると、通常の預金金利に移行します。最近の定期金利は年０・０１％なので、残りの９か月間の金利はほとんど付きません。

500万円×0・01％×9／12カ月＝375円

つまり、500万円×7％＝35万円にはならないのです。

投資信託の購入手数料を払うとマイナスに！

一方、500万円分の投資信託を購入するわけですが、仮にその投資信託の購入手数料が2％だとしたら、手数料の額は10万円になります。ちなみにこのパッケージプランでは、購入手数料が0円の投資信託は選択できない決まりがあります。

結局、キャンペーンと称した預金金利で8万7500円の利息を受け取っても、投資信託で10万円の購入手数料を支払えば、差し引き1万2500円のコストを負担していることになります。

そのうえ投資信託は「運用管理費用」といって、保有している期間に応じたコストもかかります。

つまり、このパッケージ商品は、日本人の預金選好を利用して「キャンペーン金利」

をチラつかせながら、結局はコストの高い投資信託の購入に誘導するものなのです。キャンペーン金利という金利の上乗せ効果はほとんど得られず、強いて言うなら、投資信託の購入手数料が割り引かれる効果が多少あるという程度の話です。

おそらく大半の方は退職金の振込先を、職場もしくは自宅近くの銀行口座に指定しているでしょう。その銀行口座は給料の振込先でもあり、電気・ガス・水道料金など各種引き落とし口座も兼ねているかも知れません。

つまり、**銀行はみなさんの家計の動きを把握しています。当然、退職金が口座に入金されたら、銀行はどこに住んでいる誰さんかを把握していますから、そそくさと営業に来るでしょう。そのとき、彼らが勧めてくるのがパッケージ商品なのです。**

正直、この手のパッケージ商品を、「リスク分散になりますから」とか「キャンペーン金利がおトクですから」などと言って勧めてくるような銀行は、不誠実の塊です。もし勧めてきたら、その銀行からは今後も、きちんとした資産運用のアドバイスはもらえないものと考えてください。

「預金は元本割れしない」を信じてはいけない

銀行が破綻すると１０００万円しか戻らない

「預金は元本割れしない」と思っている人が大半だと思います。確かに、銀行預金は元本保証、確定利回りをウリにして資金を集めています。

銀行預金は取扱銀行の信用力を背景にして元本が保証されています。ただし、「取扱銀行の信用力を背景にした」ことによる元本保証ですから、その銀行が破綻すれば、元本の安全性は影響を受けます。具体的に申し上げると、預金保険の範囲内でしか預金が戻ってきません。

預金保険によって守られている額は、元本１０００万円とその利息分までですから、たとえば２０００万円を預金していた銀行が破綻した場合は、１０００万円近い損失が生じる計算になります。

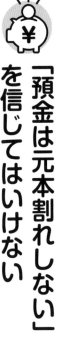

もっとも、銀行が経営破綻するというのは、いまの日本においてはかなり究極的な状況です。振り返ってみれば、１９８０年代のバブル経済が崩壊した後、１９９０年代の後半に多くの金融機関が破綻しましたが、いまはそれも正常化し、少なくとも当時に比べれば、銀行の破綻リスクは大幅に低下しています。

ただ、ここでもう1つ申し上げたいのは、銀行が破綻するという究極のリスクが生じたときではなく、**普通に銀行の経営が行われているときでも、実質的に銀行預金が元本割れするリスクがあるということです。**

実は、すでに銀行預金は元本割れしているのかも知れません。

銀行に預けることで得られるリターンは「利息」です。銀行預金は株式の株価のように、元本の価値が変動しないので、値上がり益は得られません。あくまでも利息のみです。

預金の利息は物価との見合いで決められます。つまり物価が年1％上昇するような経済環境だったら、預金の利息はたとえば年１・２％というように、物価上昇率を若干上回る水準に設定されるのが普通です。

では、いまはどうでしょうか。２０１９年3月の消費者物価指数を前年同月比で見ると、生鮮食品を除く総合は０・８％でした。つまり２０１８年４月から２０１９年３月までの１年間で、消費者物価が０・８％上昇したことになります。

ということは、預金の利息は０・８％以上欲しいところですが、**２０１９年３月時点の１年物定期預金の利率は、年０・０１％です。１年間で物価が０・８％上昇したのに対して、定期預金の利率は０・０１％ですから、実質的に預金の価値はこの１年間で０・７９％目減りしたことになります。**

結論を言うと、全資産を預金していた人の資産価値は、実質的に目減りしたことになるのです。本来なら、銀行預金の利率はインフレ率を多少なりとも上回るはずですが、日銀

物価上昇率より金利が低いと実質元本割れ

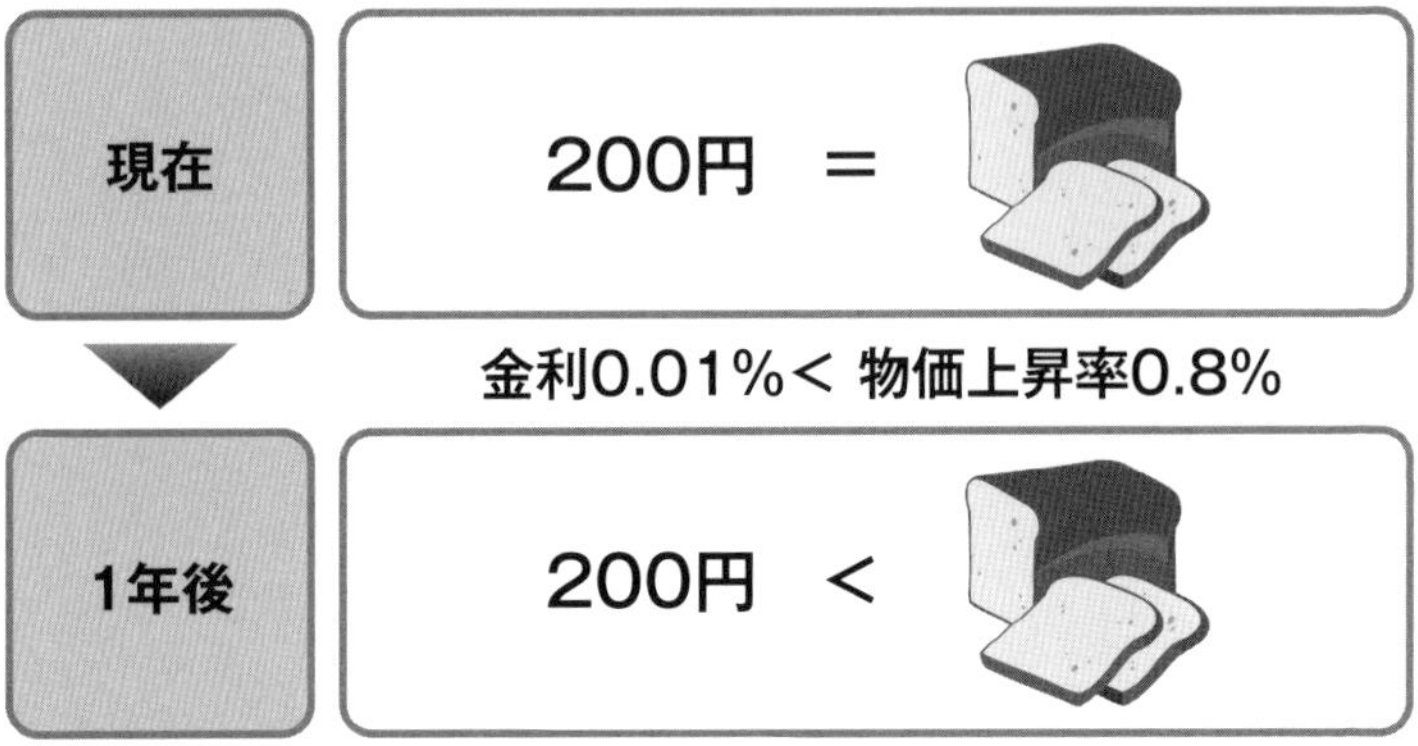

は何が何でもインフレにしようとして金利を上げようとしないので、このように預金利率とインフレ率の逆転現象が、今後も続く可能性があります。

インフレ率を上回る資産運用を心がける

このように考えると、銀行預金は決して元本保証とは言い切れない面があることに気付かれると思います。もっと言えば、**この超低金利によって、ＡＴＭから時間外、および休日に現金を引き出すと、その手数料によって、やはり実質的に預金が元本割れするケースもあります。**

いずれにしても、この超低金利が続く限り、預金による運用では物価の上昇リスクをヘッジできず、資産価値が目減りし続けるリスクがあると考えられるのです。

では、そのリスクをカバーするためにはどうすればいいのか、ということですが、預金以外の金融商品で資産運用する必要がありそうです。一般的に株式投資によって得られるリターンは、インフレ率を上回ると言われています。なぜなら、企業の売上げや利益は、物価の上昇率を含めば名目ベースになるからです。

たとえば売上げが１００億円の会社があるとしましょう。物価がもし３％上昇したら、売上げの数量が全く変わらなかったとしても、この会社の売上げは３％伸びて１０３億円になります。そして株価は、この３％の伸びを織り込もうとしますから、株価も値上がりするという理屈です。

なので、インフレリスクをヘッジするためには、株式をはじめとしてインフレに強いと言われる資産をある程度、保有する必要があります。ほかにインフレに強いと言われる資産のなかには、不動産投資や金投資などもあります。

ただし、いずれも個人が投資対象とするには、やや難しい面があります。特に、50代からインフレリスクをヘッジしながら資産運用をするのであれば、株式を組み入れた投資信託を購入し、長期で積立投資をしていくのが得策になります。

もちろん、投資信託である以上、値段が下がることもありますので、そうなったときは損失を被ります。が、長期で積立投資を継続できれば、この手の価格変動リスクはある程度、軽減できますし、投資環境が好転すれば、預貯金よりもはるかに高いリターンが期待できます。

資産を長期的に、少しでも大きく増やしたいのであれば、投資信託を有効活用してインフレ率を上回るような資産運用を心がけたほうがいいでしょう。

多額の現金をタンス預金してはいけない

不仲妻のへそくり額は１０００万円！

いま、現金・預金は全部で９８４兆円あります。

そして、このうち自宅などに現金のまま保有されている「退蔵貨幣」は、約50兆円と言われています。これがいわゆる「タンス預金」と呼ばれているものです。

タンス預金とは、金融機関に預けずに、自宅で保管している現金のことです。昔からへそくりはタンスに隠すものというイメージがあるからか、タンス預金という名称が付いていますが、これは仏壇や金庫、あるいは壷に入れて庭の土の中に埋めたものでも、すべてタンス預金になります。

タンス預金は、高齢者ほど貯め込んでいる傾向があります。なかには、自宅に３０

0万円、500万円という金額を現金のまま隠しているケースもあります。

ちなみに、シニア女性向けの出版、通販、講座イベントなどを展開しているハルメクが、60代、70代のシニア男女を対象に行った「夫婦関係とへそくり」に関するアンケート調査で、53・5%がへそくりを持っており、その平均額は436万円。女性は男性の約1・6倍で平均額は514万円。かつ夫婦関係が不仲なほうがへそくりの額も大きく、不仲妻のへそくり額は1000万円近くあるという結果が出ました。

これだけの額になると、おそらく自宅のどこかに隠しておくというものではなく、パートナーの知らない銀行口座、証券口座に置いてあると思いますが、**高齢者になると、なかなか自分の足でATMに行くのが難しいせいか、自宅にまとまったお金を置いてあるケースが多いようです。**

自然災害があればすべてを失う

ただ、多少なりともまとまった金額になると、自宅に保管しておくのはやはり危険です。

近所で「あの家は自宅にお金を貯め込んでいる」などという噂が回ったら、それを嗅ぎつけた泥棒に押し入られ、現金を盗まれるばかりか、命まで危険にさらす結果になりかねません。

それは極端なケースだとしても、**たとえば自宅が火災に見舞われたり、大地震で建物が倒壊してしまったり、あるいは洪水で自宅が押し流されてしまったりした場合、自宅に多額の現金を置いたままにしておくと、そっくり財産を失うことになります。**

洪水で現金が流されてしまったら、もはやその現金が誰のものかを特定し、所有権を確保することなど不可能に近いでしょう。

ですから、確かにＡＴＭまで行くのは大変ですし、手元に現金がないと不安という気持ちもわかりますが、できるだけ銀行などの金融機関に預けるようにしたほうがいいと思います。

もし自分の年老いた両親が、自宅に現金を隠し持っているようだったら、何とか聞き出して、金融機関に預けさせるべきでしょう。

もし現金が必要な場合は、子供が銀行の窓口に行き、少しずつ生活費分を引き出して、渡してあげればいいのです。

1つの銀行だけにお金を集中させてはいけない

銀行も倒産するリスクがある

いま、個人が持っている金融資産の総額は1830兆円あります。これを金融資産の種類別に分けると、次の表のようになります。

この数字をご覧いただくと一目瞭然ですが、**とにかく現金と預金で保有されている比率が非常に高いのが特徴です。**50%を超えています。おそらく、みなさんが自分の財産を置いてある先も、ほぼこれと同じような感じではないでしょうか。

でも、それだけでいいのでしょうか。

銀行は一民間企業です。倒産するリスクもあります。もし、退職金も含めて数千万円を預けている銀行が破綻した場合、破綻した銀行を救済する別な銀行が現れれば、

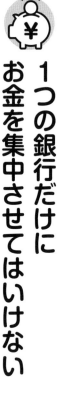

個人金融資産の半数以上が現金・預金

項目	金額	比率
現金・預金	984兆円	53.8%
債務証券	24兆円	1.3%
投資信託	67兆円	3.7%
株　式	175兆円	9.5%
保険・年金・定額保障	523兆円	28.6%
うち保険	371兆円	20.3%
その他	58兆円	3.2%

預けてある預金は無事です。

しかし、救済してくれる銀行が現れなかったら、破綻した銀行に預けてある預金は、預金保険によって保護されますが、全額が保護の対象になるのではありません。保護の対象になるのは、元本1000万円までと利息です。

複数の銀行に口座を分ける

もちろん預金が1000万円に満たなければ、銀行が破綻しても預金は守られるので心配はいりませんが、定年前にある程度の金融資産を築き、退職時に退職金を受け取り、さらに相続も、ということになれば、銀行預金に数千万円を預けているケースも十分に考えられます。

銀行の破綻リスクから財産を守るためには、複

数の銀行にお金を分散させておきましょう。１行につき１０００万円を上限にして預け分ければ、そのいずれかが破綻したとしても財産は守られます。

あるいは証券会社の証券総合口座に入れておくという手もあります。証券総合口座とは、ＭＲＦという投資信託を決済口座にして、ＭＲＦ以外の投資信託を購入・解約したり、株式や債券などの有価証券を購入・売却したりする際の資金の受け皿になるものですが、**ＭＲＦは投資信託でありながら、元本割れリスクが非常に低い特徴を持っています。**

預金保険の対象ではありませんが、投資信託会社や販売金融機関が破綻しても、ＭＲＦの資金は全額、信託銀行が管理していますから、預金保険のような足切りは行われません。また、**信託銀行が破綻しても、投資信託の資産は信託銀行自身の資産とは分けて管理されているので、ＭＲＦの資産は保全されます。**

もし、銀行預金に全額預けておくのが不安になったら、複数の銀行に分けて預けるか、投資信託を活用するかのいずれかを選ぶといいでしょう。

CHAPTER 06

第6章

50歳を過ぎたらやってはいけない「介護と相続」の話

親の資産を把握しなかった人の悲惨な末路

Eさんは現在55歳。４つ上のお兄さんがいらっしゃいます。

先日、父親が他界されました。幸いなことに、これまでお兄さん夫婦がご両親と同居してくれていたので、お父さんが亡くなった後、年老いた母親が一人暮らしにならずに済んでいます。

その点は安心できたEさんなのですが、１つ気がかりがありました。それは、父親が非常に謎めいた人で、自分の資産内容を、子供にいっさい明かさなかったのです。そして母親は、そんな父親に頼りっぱなしでした。

お葬式は家族葬で簡単に済ませました。父親は一人っ子で、すでに血縁は皆無に近い状況だったので別段、問題にはなりませんでした。葬式費用は父親の容態が悪くなったとき、すでに父親名義の銀行口座から現金を引き出して、自宅で保管していたそうです。

さて、四十九日の法要が終わり、Eさんはお兄さんと相続について話し合うことにしました。相続税の申告、納税は相続開始後10カ月のうちに済ませなければなりません。ちょうどいいタイミングです。

でも、ここでいろいろ揉め事が生じてきました。

まず、Eさんの妻が不満を言い始めました。Eさんにもお兄さんにも子供がいるのですが、お兄さんの子供が大学に入学したとき、父親が入学金を援助した話を小耳に挟んでいたのです。Eさんの子供が大学に入学したときは、この手の援助はなかったのですが、Eさんは「兄貴のところは両親を面倒見ているんだから、このくらいは当然だろう」と気にも留めていなかったのですが、妻は決して見逃しませんでした。

相続財産は、現預金が2000万円。それにお兄さんがそのまま住んでいる実家があります。Eさんの妻は、法定相続に則ってきっちり遺産分割してもらうよう、Eさんに言いました。

もちろん、現預金は簡単に分けられますが、問題は実家です。Eさんの妻は実家も評価額に従ってきちんと法定相続分をもらうよう、Eさんに言っているのですが、実家にはお兄さん一家と年老いた母親が住んでいます。

「だったら、実家の評価額の法定相続分を、母親とお兄さんが相続した現預金から払ってもらってください」というのが、Eさんの妻の言い分でした。

「そこまでしなくても」と思っているEさんは、言い出したら聞かない妻を何とか説き伏せ、実家の相続分については母親が亡くなるタイミングまで待つことで、渋々ですが納得してもらえました。

やれやれと胸をなでおろしたEさん。でも、相続のゴタゴタはこれで終わりませんでした。お兄さんのところに、銀行から住宅ローンの督促が届いたのです。父親が借りていた住宅ローンは団体信用生命保険（団信）加入が任意だったため、少しでもコストを抑えるため、団信に加入していませんでした。

「でも、誰の家？」と兄弟2人して疑問に思っていたところ、謎が解けました。秘密主義の父親には愛人がいたのです。しかも認知した子供までいました。「聞いてないよ～」と、2人。認知したということは、その子供に対する相続が発生します。

住宅ローンの残債がまだ3000万円もあるとのこと。まさか、いままで存在を知らなかった愛人とその子供が住み続けられるように、自分たちが住宅ローンを払わなければならないのか？　だとしたら、そんな理不尽なことはありません。

相続放棄でスッキリしてしまうという方法もありますが、Eさんからすれば、ただでさえ実家の相続分で妻に妥協してもらったのに、相続放棄なんてことになれば、きっと妻は切れ、「離婚」の二文字も現実化してきます。

「そういえば……」と母親。「あの人、亡くなる前に投資で大儲けしたって言っていたわ」

Eさんとお兄さんは色めき立ちました。株式投資かFXで大儲けしたのであれば、口座がどこかにあるはず。実家を隈なく探せば、口座の暗証番号やパスワードが郵送されているはずだから、その書類を見つければ相続財産がさらに増えます。これなら住宅ローンの残債も何とか完済し、相続放棄をせずに済むかも知れません。

必死になって書類を探しました。でも、どこからもそんなものは出てきませんでした。Eさんは母親に聞きました。「一体、何に投資していたの?」

母親の答えにEさんは愕然としました。「仮想通貨」だったそうです。本人が亡くなったことで、「秘密鍵」はわからず、このままだと仮想通貨を法定通貨に替えることができません。しかもよくよく調べたところ、たとえ秘密鍵がわからず、仮想通貨を法定通貨に替えられなくても、国税庁は相続人に相続税を課すとのこと。

Eさんとお兄さんは、父親が健康だったときにもっとお金の話をしておくべきだったと後悔すると共に、税務署からいつ連絡が来るのか不安な気持ちで待つ日々を送っています。

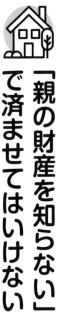

「親の財産を知らない」で済ませてはいけない

いざ何か事が起こると大変なことになる

あなたは親に「いくら財産があるの?」と聞けますか?

これがなかなか切り出せない人が多いようです。そもそも日本人は、公の場でお金の話をするのを憚る傾向が強いのですが、これは親子の間でもそのようで、**親がいま、どのような資産を持っているのかわからないという話はよく聞きます。**

子供といっても、10歳とか20歳ではなく、60歳になった人でもそうなのです。60年間も親子の関係を続けてきたのに、親が持っている財産で把握しているものといえば、持ち家と自動車くらいだったりします。

子供の目で見える範囲の財産は把握できても、銀行預金や保険、証券といった金融資産のように直接、目に入ってこない財産となると、親に聞くよりほかに把握する方法はないのですが、子供は子供で親に対する遠慮のような気持ちが働き、親は子供に対する見栄のようなものがあって、なかなか自分の財産を明かせないというのが、本音なのでしょうね。

でも、親の財産を把握していないと、いざ何か事が起こったときに、大変なことになります。

たとえば突然、父親が亡くなったとしましょう。その家の財産はすべて父親が一元管理していました。もう最悪です。預金通帳、証券、その他、どこにどれだけの資産があるのか全くわからなくなってしまいます。

家の中を探し回って、預金通帳などを1つひとつ発掘していくわけですが、それを現金化するとき、**すべての名義が父親だと、銀行もそう簡単に解約に応じてくれません。役所に死亡届を出した時点で、口座が凍結されてしまうのです。**

といっても、故人のキャッシュカードを使えば、ATMで現金を引き出せる場合もあります。が、それは凍結されていないから自由に引き出して使ってもいいということではありません。必ず銀行に口座名義人が死亡した旨を伝えて、口座を凍結する必要があります。なぜなら、銀行預金は相続財産になるからです。

2019年7月に施工される改正相続法で、150万円を上限に遺産分割前でも現金を引き出せるようになりますが、相続財産である以上、誰かが現金を引き出して勝手に使うと、相続税を計算するときの線引きができなくなります。税務署との無用なトラブルを避けるためにも、この手続きはきちんと行わなければなりません。そのためには、親の財産を子供がきちんと把握しておく必要があります。

また、親がインターネット金融機関を使っているときは、どの金融機関に口座を持っているのかに加え、IDやパスワードの管理についても確認しておきましょう。

ネット金融機関の場合、通帳などはありませんし、取引明細のやりとりがネット上で行われていたら、どの金融機関に口座を持っているのかさえわからなくなってしまいます。**特に夫婦関係が悪い親の場合は、お互い相手に知らせない口座を持っている可能性が非常に高いので、要注意です。**

きちんと説明するのが一番!

さて、ここからが問題です。どうやって親が持っている財産を聞き出せばいいのでしょうか。

正攻法でいくならば、きちんと事情を説明することです。決して親の財産を狙っているからではなく、それを子供が把握することによって、最終的に親を守ることにつながると説明するのです。

いまは元気でも、親は必ず子供よりも早く衰えていきます。施設に入る場合、これだけのお金がかかるのだから、それを親の資産できちんと賄えるのかどうかを把握する必要があります。

だから、まだ元気なうちに、親の資産を把握しておいたほうが安心できるということを、きちんと説明しましょう。そうすれば、親もわかってくれるはずです。

もちろん、なかには一筋縄ではいかないケースもあります。そういうときは、**「お父さんとお母さんはこれから何かやりたいことあるの？」と聞いてあげてください。**

私の母もすでに80歳を超えていますが、いまでも「今年はこういうことをやってみたいの」と言います。昔は80歳にもなれば、この世でやりたいこともなくて、「早くお迎えが来ないかな〜」などという心境になるのかと思っていたのですが、80歳を超えても人間はやりたいことがあるのだなと、つくづく思わされます。

もし、親がそんなことを言うときがあれば、親の資産を把握するチャンスです。すかさず「そうね、やりたいことがあるのはいいことだよね。でも、それにはお金が必要でしょ。もし足りないなら少し援助できるかも知れないから、どれくらいあるのか教えて」と聞くのです。

あるいは、**親にエンディングノートをプレゼントするのもありです。**いまは書店にも置いてありますし、ＮＨＫの番組でも取り上げられることもあるので、親御さんもあまりイヤな気持ちにならないでしょう。

とは言え、エンディングノートもいざ書くとなるとなかなか大変です。自分の趣味やお友達の名前くらいは問題ないにしても、財産目録的なところに差しかかると高齢者はたちまちギブアップです。

そこでみなさんの登場です。**親に代わって情報をまとめてあげるのです。銀行の口座番号、キャッシュカードの番号、残高一覧、加入している保険証券をクリアファイルにまとめてあげるなど、やってあげると喜ばれることはたくさんあります。**

高齢者にとって書類の整理は苦痛でしかありません。でも気になっているはずです。お金の整理はエンディングノートにまとめられるといいでしょう。

私の知り合いは、「もう年なんだから、断捨離しないとね」などと言いつつ、実家の片付けを手伝っています。**片付けるうちに、いろいろな思い出の品が出てきますから、それにまつわる話を聞きながら、少しずつほかのこと、たとえば親の資産がどうなっているのかなどについても聞き出しているそうです。**

頭ごなしに「いくらあるの？」と聞くと、反発してなおさら口を固く閉ざしてしまう親もいます。ちょっと回りくどくなりますが、さまざまな用事にかこつけて、本人に悟られないように聞いていくといいでしょう。

これは余談ですが、実家の片付けは副次的な効果をもたらします。親が一人になって施設に入るときや、両親が亡くなったとき、最終的に実家を整理するのは子供の役目になるわけですが、土壇場まで何も整理をせずに放置しておくと、ゴミ屋敷になってしまい、大変なことになる恐れがあるということです。

でも、事前に片付けておけば、その心配がなくなります。実家の片付けをしながら、親の資産も把握できれば一石二鳥です。

親が要介護になっても介護離職だけはしてはいけない

地方出身の50代の大きな悩み

実際に相続が発生する前の段階で、親は確実に身体が弱っていきますから、多くの子供は「介護」の問題に直面します。親の年齢を考えると、おそらく50代はこの手の悩みを抱える人が多いのではないでしょうか。

自分は都内で働いているけれども、実家が地方という人はけっこう多いと思います。特に実家が北海道や九州など遠くになればなるほど、頻繁には行けません。もし行こうとしたら、仕事を休まなければなりませんし、交通費もたくさんかかります。

そんな状態で親が突然倒れ、要支援・要介護状態になったとき、どうすればいいのでしょうか。地方から東京に出てきて働いている人は、これが大きな問題になります。

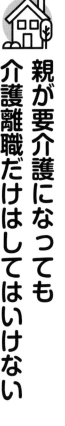

絶対にやってはいけないのは「介護離職」です。

これは地方で生活していた親が要介護状態になったとき、親の面倒を見るために会社を退職して実家に帰ることです。きっと、実家の近所で働ける場があると思って帰省するのだと思いますが、かなり厳しいのが現実です。

何といっても、地方には仕事がありません。なぜ、多くの若い人たちが東京などの大都市圏に出てくるのかというと、地方には仕事がないからです。

そのようなところに**50歳を過ぎてから戻って就職をしようとしても、満足できる仕事など見つかるはずがありません。**運よく見つかったとしても、東京で得ていたのと同等の給料はもらえないでしょう。たとえ東京で一流企業に勤めていたとしても、そこで身に付けたスキルを活かせるような職場は、残念ながら地方にはないのです。

介護離職をした人たちの末路は、かなり悲惨です。

結局、実家に戻っても仕事がないので、無職のまま親の年金で食いつなぎ、介護をしているのです。親が生きているうちはまだいいのですが、親が亡くなった後、その子供は行き場を失います。まだ働いて、今度は自分の老後に備えなければならないのに、仕事がないのではどうしようもありません。これまでの生活で頼みの綱だった親の年金も、親が亡くなれば受け取れなくなります。

親の介護のために会社を辞めてしまったら、あっと言う間に転落人生に陥るリスクがあるのです。50過ぎの再就職は、相当厳しいです。

人に任せられることは任す

そうならないようにするためには、**いくら親が要支援・要介護状態になったとしても、会社を辞めないことです。そして、人に任せられることは任せるようにします。**すべて自分で親の面倒を見ようなどと考えてはいけません。

きっと、「親があんな状態なのに看てあげられないなんて、私は親不孝者だ」と罪悪感を抱いてしまうのでしょう。その気持ちは痛いほどわかります。

でも、会社を辞めさえしなければ、雇用延長に応じて65歳までは働けるわけですし、大都市圏なら70歳くらいまで働ける場を見つけることができます。

なので、どのような制度を使ってもいいから、**とにかく会社を辞めずに、地方に住む親の介護との両立を目指すようにしてください。**まずは上司、同僚に相談して、今後のことを考えましょう。

親の介護でパニックになってはいけない

介護休業を取得して最初の3カ月を乗り越える

ある日突然、遠方に住んでいる自分の親が病気で倒れ、今後、介護が必要となると、おそらく多くの人はパニック状態に陥るでしょう。

親の財産がどうなっているのか、介護施設に入れるだけの貯蓄はあるのか、介護施設に入るための手続きも含めてどう対処すればいいのか、一人暮らしになった母親（父親の場合もありますが）の面倒は誰が見ればいいのかなど、さまざまな疑問が浮かび、頭の中をグルグル回ります。

介護で一番辛いのは、最初の3カ月間です。あなたも初めてのことで大変でしょう。自分の親が動けなくなっている様子を見るのはつらいでしょう。もちろん当のご本人も苦しいでしょう。でも、暗いトンネルも3カ月です。

ここで一足飛びに介護離職してしまうと、先に触れたように悲惨な末路をたどることになりますから、とにかく3カ月間だけ我慢して乗り切りましょう。会社員なら、勤務先に「介護休業」の制度があるはずなので、まずはこれを活用します。

介護休業を取得すれば、対象家族1人につき3回、合計で93日までの上限付きではありますが、事業主は従業員からの取得申出があったときには、これを認める義務がありますが、3回に分けて、合計日数93日を超えない範囲で取得してもいいですし、1回で93日分を取得してもいいでしょう。

介護休業を申請すれば、一度にまとまった休暇が認められるので、この間に実家へ帰り、要介護状態になった親の介護に関する諸々の手続きを済ませます。

たとえば、倒れた親が入院中に介護申請の手続きをして、できるだけ早く介護認定を取得するようにしたり、残された親が体力的に誰かのサポートを必要としたりするならば、地域包括支援センターなどに連絡をして、ケアマネジャーをつけてもらうようにします。

このとき、おそらく親は自分の子供に面倒を見てもらいたいと思い、それを口にする親もいますが、**絶対に自分で親の面倒を見ようなどと考えてはいけません。必ずケアマネジャーに相談し、そのサポートを受けるようにしましょう。**

親が元気なうちに介護の話をする

そのほかにも、親が持っている資産を把握したり、実家の整理をしたりなど、諸々の雑事をこなしているうちに、自分自身が徐々に落ち着きを取り戻し、介護離職という最悪の選択をしなくても、何とか乗り切れるのではないかという道筋が見えてくるはずです。

倒れた親が要介護3以上になり、特別養護老人ホームへの入居が可能になった場合、地域包括支援センターなどで入居希望のための申請の出し方などを教えてくれます。ちなみに地域包括支援センターは、公立中学校と同じくらいの数で配置されているので、どの地域にも必ずあります。

いまご両親がお元気なのであれば、次の帰省のときにでも地域包括支援センターを訪ねておきましょう。介護サービスは地域差がありますので、いつくるかわからないそのときに、少しでも冷静にベターな選択ができるよう準備できます。**親が元気なときだからこそ、介護の話も笑ってできるものです。**

公的介護保険の「施設サービス」対象・対象外の施設

	種類	主な入居条件	主なサービス
施設サービス対象	介護老人福祉施設（特別養護老人ホーム）	原則、要介護3以上と認定され、常に介護が必要で在宅では介護が困難な人。	日常生活上の世話、機能訓練を受けられる。
	介護老人保健施設	要介護と認定されているが、病状が安定している人。	看護や医学的管理のもとで介護、機能訓練などを受けられ、自宅復帰を目指す。
	介護医療院（2018年4月～）	要介護と認定され、慢性疾患などにより長期療養を必要とする人。	日常的な医療や看取り、介護を併せて受けることができる。
	介護療養型医療施設	要介護と認定され、急性期の治療を終えて慢性疾患などにより長期療養を必要とする人。	医療や介護、日常生活上の世話を受けられる。介護療養型医療施設は2023年度末までに廃止予定となっており、介護医療院や介護老人保健施設などへ転換予定。
施設サービス対象外	有料老人ホーム	特になし。	「介護付き」「住宅型」「健康型」の3つに大別。「介護付き」の場合、要介護認定されていれば、そこでの介護や日常生活上の世話は公的介護保険の給付を受けられる。
	サービス付き高齢者向け住宅	特になし。	バリアフリー構造や安否確認等、高齢者の受入れ支援に特化した賃貸住宅。要介護認定されていれば、公的介護保険を利用しながら生活を続けることもできる。
	グループホーム	要支援2以上で、認知症のため介護を必要とする人。	家庭的な共同生活を送りながら、日常生活の介護や機能訓練を受けられる。その施設がある市町村の住民であれば地域密着型サービスが受けられる。
	軽費老人ホーム（A型）	家族との同居が困難な60歳以上のある程度自立している人。	食事サービスがあるので、自炊できない高齢者向け。
	軽費老人ホーム（B型）	家族との同居が困難な60歳以上のある程度自立している人。	食事なしなので、自炊できる高齢者向け。
	軽費老人ホーム（ケアハウス）	家族との同居が困難な60歳以上の自立した生活が送れない人。	食事サービスがあり、要介護認定されていれば、公的介護保険の在宅サービスを利用できる。

（出所） 生命保険文化センターの資料を基に著者作成。

介護にかかった お金を立て替えてはいけない

重要なのは、お金の「見える化」

親が要支援・要介護状態になると、いろいろな形でお金がかかってきます。

遠方に住む親の様子を見るのに交通費が必要ですし、その額もバカになりません。親を病院に連れていくにしても、タクシーを呼べばタクシー代がかかりますし、病院で治療したり、薬をもらったりすれば、それにもお金がかかります。１つひとつの金額は大したことがなくても、積もっていけばそれ相応の金額になります。

これを、誰がどのように負担するのかということです。一人っ子の場合は自分しかいないので、財布の管理もシンプルですが、問題は兄弟姉妹がいる場合です。

「長男が立て替えておくのが当たり前」と考えている人も多いようですが、**基本的に**

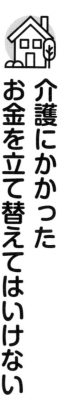

立て替え払いはお勧めしません。介護が長引けば金額が大きくなりますし、誰がいつ負担したのかがあやふやになると、相続の段階で揉めることになります。

介護用のお財布を1つ準備するのもお勧めです。病院の付き添いを兄弟で輪番にするのなら、親の費用を支払うためのお財布をみんなで使うのです。

医療費、交通費、その他諸々にかかるお金は、そのお財布から支払い、支出をオープンにします。お財布のお金が少なくなれば、親の銀行口座からお金を引き出して補充します。お金の「見える化」は重要です。

介護ノートをつけると同時に、お金の流れも記録されるといいと思います。

基本的には親の財布から支払うのがいいわけですが、どうしても立て替え払いをしなければならないときは、常に兄弟姉妹と情報共有しましょう。誰が何のためにいくら払ったのかを共有し、後日、親の財布からそれを払ってもらうことも、お互いに了解を取り付けておくことをお勧めします。

もし、要支援・要介護状態の親の近くに、兄弟姉妹の誰かが住んでいるとしたら、おそらくその人が中心になって、親の世話をすることになると思います。そのとき、

心がけなければならないのは、世話をする人は常に金銭面の情報共有を心がけ、遠方に住む兄弟姉妹は、中心になって動いてくれている人に対して、余計な口を挟まないようにすることです。

必要なときは、できる限りのサポートをするという前提のもと、中心となる人を信じて、できるだけお任せするのが理想です。これができないと、相続が発生したときに揉め事となり、骨肉の争いに発展する恐れがあります。

親の面倒を見ても相続で揉める理由

これは私の知人の話ですが、兄弟のうち兄が父親を扶養していて、その妻が一所懸命に義理のお父さんのお世話をしていました。弟はほとんど実家に顔を出さず、お父さんの面倒や相続についても、「兄貴の好きなようにしたらいいよ」と言っていたのですが、結局、ものの見事に揉めました。というのも、兄は何事も先に先に準備をする真面目な性格だったのですが、これが災いしたのです。

さまざまな金融機関の相続セミナーに参加して、父親名義の一時払い終身保険などに加入するなど、相続税対策をしっかり行っていたのですが、弟からすれば、兄が遺産を独り占めするためにやっていると映ったようです。

結果、揉めることになったわけですが、問題はなぜ兄の行動が弟に筒抜けになっていたのかということです。

この場合、ほとんど顔を出さなかった弟に、父親が頻繁に電話で連絡をしていたのです。当の父親は、兄やそのお嫁さんに対して、「いつもありがとう」「本当によくしてもらえて」などと言っていましたが、電話で弟には「この間、急に生命保険に入らされてね」などと、ちょっと困ったような声で電話をしていたのです。当然、そんな電話を受けたら、弟が兄の行動を訝しがるのも当然です。

そうならないようにするには、先にも触れたように、できるだけ親が健康なうちから、親が持っている資産の内容を明らかにしてもらい、できれば「財産目録」をつくっておくことです。

財産目録を作成したうえで、もし親が要支援・要介護状態になったときには、兄弟姉妹のコミュニケーションを密にして、何にいくら経費を使ったのかなど、常に情報を共有するのです。そうすれば、致命的な揉め事に発展するリスクを、かなり抑えることができます。

大きな財産もないのに相続税対策をしてはいけない

暦年贈与と連年贈与

できるだけ相続税を払いたくないと考えている人は、現実に相続が発生する前に、相続税対策をしようと考えます。たとえば、「生前贈与」などはその代表的な方法です。

これは毎年1月1日から12月31日の暦年ごとに贈与を行い、その金額が年間１１０万円以内であれば贈与税がかからないという制度を活用したものです。

たとえば、子供が2人いて、それぞれに年間１１０万円ずつを10年にわたって毎年贈与していけば、合計で２２００万円の現金を非課税で贈与できますから、その後で相続が発生したとしても、この分は相続税の対象外になります。

ただし、**暦年贈与も、やり方を間違えると相続税の対象になるので注意が必要です。**

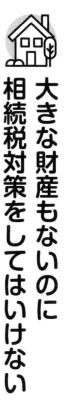

たとえば、毎年、同じ金額を同じ時期に贈与すると、税務署は「連年贈与」であるとみなして、暦年贈与と認めないケースがあります。

「手元にある500万円を暦年贈与するので、毎年100万円ずつ5年間かけて子供の銀行口座に振り込む」というのが、これに該当します。この場合、「500万円を5年間の分割でもらえる権利を贈与された」という解釈になり、その権利に対して贈与税が課せられることがあるのです。

これでは全く相続税対策になりません。暦年贈与とみなされるように、できれば税理士などに相談したうえで、贈与した証拠を残しつつ、ある年は110万円、ある年は100万円というように、贈与する金額を微妙に変更しながら暦年贈与をするといいでしょう。

このほかにも、さまざまな相続税対策があります。

「一時払い終身保険」の活用もその1つです。生命保険は相続税の課税対象ですが、同時に保険金の一定額まで非課税になります。この非課税枠を用いて、保険受取人の相続税を軽減させることができます。

あるいは借金してアパート・マンションを建てるという方法もあります。現金を相続すると、文字通りその金額に対して相続税がかかってきますが、不動産だと評価額が取得時の価格に比べて安くなるため、その分だけ相続財産の額を圧縮でき、相続税の額も下がるというわけです。土地にアパートやマンションを建てなくても、マンションを購入するだけでも同じ効果が期待できます。

相続税には基礎控除額がある

このように節税方法はいろいろありますが、果たしてそれだけの対策を打つ必要のある人が、どれだけいらっしゃるのかということを考えてみる必要があります。

たとえば、相続税には基礎控除額があります。これは法定相続人の数によって変わってくるのですが、たとえば父親が亡くなって、母親と子供が２人だとしたら、法定相続人は３人なので、４８００万円の基礎控除額が認められています。預金、持ち家など父親名義の財産の評価額をプラスして４８００万円を超えなければ、相続税は掛かりません。

東京都内に不動産を持っていたりすると、評価額が高くなるため、基礎控除額を超えてくる可能性はありますが、東京の郊外だとか、あるいは地方であれば、不動産の価値が東京よりもはるかに低いため、相続が発生したとしても、基礎控除の範囲内に収まる可能性が高まります。つまり、相続税対策はいらないということです。

そもそも、親が要支援・要介護状態になったとき、親が持っている資産を順次処分して、必要経費に充てていけば、親の資産などそれほど残らず、ますます相続税対策など必要なくなります。

自腹を切って親の介護資金を負担したり、介護離職するくらいなら、親が持っている資産をフル活用すればいいのです。

子供がいよいよ介入しなければならないのは、親の資産が底をつき、それでも両親、あるいはいずれかの親が長生きする場合です。

そうなったときは、もし兄弟姉妹がいるならば、お互いに相談し合って、この状況をどうすればいいのかを話し合うのが一番です。

いま世の中は、争う家族と書いて「争族」と呼び、あたかもすべての家族がお金をめぐって喧嘩をするかのような情報があふれています。最初から、揉めると構えてしまったらうまくいく話もうまくいきません。**親のことを思うのなら、金融商品を使った相続税対策よりも、日頃からのコミュニケーションを大事にしてください。**

相続が発生するまで何も行動しないのはいけない

やるべきことがたくさんある

親が亡くなると、その時点で相続が発生します。つまり、親が亡くなった日が相続開始日になります。

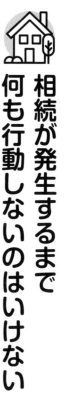

相続税の申告・納税期限は、この相続開始があったことを知った日の翌日から10カ月以内と決められています。この間に相続人を特定し、遺産分割協議など所定の手続きを踏む必要があります。

相続税の納税手続き以外にも、被相続人である親が亡くなると、残された人はさまざまな手続きに奔走することになります。死亡届や死体火葬（埋葬）許可申請書、年金受給権者死亡届、世帯主変更届を提出し、健康保険証を返却し、銀行口座を凍結し、遺言書の確認を行い、遺産分割協議を行います。

このように、**相続開始日以降はとにかくやるべきことがたくさんあるので、手続きに支障をきたさないようにするためにも、相続が発生する前にやれることはやっておきましょう。**

兄弟姉妹が多い人は親に遺言書を書いておいてもらうと、相続が発生してからの手続きがスムーズになります。何しろ遺言書の効力は法定相続に優先するほど強力なものですから、財産配分で揉めそうな場合は、必ず事前に作成しておくべきです。

ある程度の現金も用意しておく必要があります。いくら家族葬にするといっても、葬儀を行う以上、ある程度の葬儀費用がかかります。少なくとも葬儀費用を払えるくらいの現金は用意しておいたほうがいいでしょう。

そのためには、親が亡くなる前の時点で、銀行に預けられている親のお金の一部を解約しておきます。キャッシュカードをつくっているならば、事前に暗証番号を聞いておき、銀行の店舗に行っていくらか下ろしておきます。

ちなみに葬儀費用はどの程度の規模のお葬式にするのかにもよりますが、だいたい120万円前後が平均と考えていただければいいでしょう。その程度の資金は現金で手元に置いておくとよいと思います。

いずれにしても、**相続が発生してから「さて、何をすればいいのだろうか」などと言っていると、あっと言う間に相続税を納税する期限が来てしまいます。**

相続税がかからず、また相続で揉める兄弟姉妹がいない人は、そう慌てる必要もありませんが、相続関係でゴタゴタが生じそうな場合は、とにかく早めにアクションを起こすことです。

親からすれば、「自分たちが早く亡くなることを願っているのか」という気持ちになるのもわかりますが、相続のゴタゴタで一番困るのは相続人です。

「立つ鳥跡を濁さず」ですよ。できれば日頃からオープンな雰囲気で、親の面倒をどう見るか家族で話ができるのが理想です。

相続の手続きを放置しない

前述したように、相続に絡む手続きは大変面倒なものです。

でも、だからといって先延ばしにすると、面倒なトラブルに巻き込まれる恐れがあります。相続というとプラスの財産にばかり目が行きがちですが、マイナスの財産があるケースも考えなければなりません。具体的に言うと「借金」のことです。**借金も相続財産の1つになりますから、何もしなければ相続人が借金返済を引き継ぐことになります。**

親がかなりの額の借金を残して亡くなった場合、もちろん相続人が被相続人に成り代わって借金を返済できるならいいのですが、いくら親のものとはいえ、借金を背負いたくないという人は多いと思います。

そのような場合、**「相続放棄」することによって、借金を引き継がなくても済むようになるのです。** 明らかに相続財産に比べて借金の額が大きいと判断できるときは、相続放棄を選ぶべきでしょう。

ただし、**相続放棄は期限が決められています。具体的には、相続開始日から3カ月以内に家庭裁判所に申し立てをする必要があります。**

この手続きをしないまま3カ月が経過すると、「単純承認」といって、負債を含むすべての財産を引き継いだものとみなされてしまいます。つまり原則として相続放棄はできなくなりますので、マイナスの財産があることを確認したときは、諸手続きを先延ばしせず、できるだけ早めに進めるようにしてください。

CHAPTER 07

第7章

50歳を過ぎたらやってはいけない「家計」の話

現役時代の浪費癖から抜け出せない人の悲惨な末路

Fさんは59歳。60歳からのセカンドキャリアは、転職を考えています。いまの役職は部長です。幸いなことに60歳まで役職定年という名の肩たたきに遭うこともなく、Fさんは部長として思う存分威張ってきました。そして間もなく60歳。

選択肢は、雇用延長で会社に残る。この場合、給料は時給制になり大幅ダウン。部長の給料に比べたら、それこそ3分の1くらいに落ち込みます。

次に取引先への出向。給料の減り方は雇用延長よりましとはいえ、収入はほぼ半分になります。

もう1つは転職です。これはいまの会社から完全に離れるパターンで、収入は転職先の規定によりますが、Fさんは部長職を務めてきた自負があり、転職活動をすればきっと引く手あまたに違いないと考えています。

それから3年後。

Fさんは転職していました。でも、引く手あまたなんてことはなく、面接を受けては落ち、受けては落ちの繰り返しで、ようやく小さい会社の営業次長として入社しました。

結局、給料は半減です。とはいえ、前の会社で部長だったときの月給が手取りで60万円でしたから、半減とはいえ30万円は確保できています。子供も独立しているので、夫婦で生活していくには十分なお金です。このまま65歳まで働かせてくれるということなので、どちらかといえば恵まれたほうでしょう。

ところが、Fさんの顔色は冴えません。理由は、どうも前の会社にいたときの収入に合わせた生活から抜け出せずにいるようなのです。

子供が独立したから食費が浮くかと思いきや、夫婦で外食する機会が増えてしまいました。妻に言わせると、2人分の食事ではつくる気になれないそうです。

Fさんのゴルフ趣味も相変わらずで、現役の頃みたいに接待ゴルフがなくなる分、回数が減るかと思いきや、健康維持という名目でむしろ回数は増えたくらいかも知れません。

車は軽自動車に乗る気がせず、大きなセダンに乗っており、「燃費が悪くてね〜」が口癖に。

そのほか、転職先では少しでも皆に馴染もうとして、部下をしょっちゅう夜の呑みに誘い、気前がいいことに全額Fさん持ちで呑み歩いていました。

妻も専業主婦のまま、近所でお付き合いのある家の奥様たちと、週に2回のペースでランチ会を催し、さらに習い事も続けていました。

旺盛な消費は日本経済を支えてくれるのかも知れませんが、すでにFさんの家計は火の車状態でした。当然、これだけの支出を月30万円の給料で賄えるはずもなく、毎月10万円以上の赤字を出していました。

転職してから3年間で累積した赤字は、かれこれ400万円近くになろうとしています。しかもFさんの場合、その赤字を全部、退職金の取り崩しで賄っていました。退職金は2000万円と、この世代では非常に恵まれていたほうですが、すでにそこから400万円を取り崩してしまったのです。

さらにFさんにとって頭痛のタネは、2人の娘の存在です。もちろん娘は可愛いのですが、そろそろお付き合いをしている彼と結婚しそう。結婚式を挙げるに際して、2人ともFさんのお財布に期待しています。

Fさんはある日、ふと思いました。

「このペースで取り崩していたら、生活費の赤字を埋めるだけで、あと12年もしたら退職金が全部なくなってしまう。しかも娘2人が結婚するとなったら、少なくとも1

人につき150万円くらいの挙式費用は面倒を見てやらなければならないだろう。2人で300万円。金融資産は退職金のみが頼りだから、このままだと老後破産が目に見えている」

ようやくFさんは事の深刻さに気付きました。とにかく節約しなければならない。急きょ、妻と話し合って、これからは節約を心がけようという結論に達しました。

妻は素早く行動に移りました。自宅の水洗トイレのタンクにはペットボトルを入れ、洗濯する際には前日のお風呂のお湯を使うようになったのです。そのほかにも、どこで手に入れたのか、節約本や雑誌の節約特集を読みあさり、そこに書かれている節約ノウハウを積極的に取り入れるようになりました。

Fさんは、「妻もようやく気付いてくれたか。これで一安心だ」と思ったものの、数カ月経って家計簿を見て愕然としました。ほとんど赤字が減っていないのです。

理由は明らかでした。支出が大きすぎて、自宅の水洗トイレのタンクにペットボトルを入れるといった程度の細かい節約ノウハウでは、もはや家計を立て直すのは困難な状況に陥っていたのです。

細かい節約術で支出が減ると思ってはいけない

急には月々の支出を減らせない

50代半ばまでの自分を振り返ってみてください。特にお金の使い方です。

「老後のために節約しなきゃ」などと思っていても、なかなかお財布の紐が締まらず、つい無駄なお買い物をしてきてしまったという人は、けっこう多いのではないでしょうか。

それも無理はありません。50代半ばで役職定年を迎えるまでは、給料も増えているのですから。「まあ、何とかなるだろう」という気持ちになるのは当然なのです。

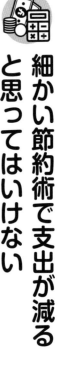

でも、**50代半ば以降は、上手なお金の使い方を心がけることが大切です。**

Fさんの場合、60歳まで部長職を務められたことが、逆にあだになりました。55歳で役職定年になれば、収入は徐々に減っていくので、そこから徐々に消費をスローダウンさせ、支出をコントロールしていけるはずですが、Fさんは60歳まで給料も多かったので、転職先で急に給料が半減したことに対応し切れなかったのです。

もちろん、その現実に目を向けて、妻と話し合って節約することを決めた点は、評価してもいいと思います。ただ、問題だったのは些末な節約術に走ったことでしょう。よく、「お風呂のお湯を捨てずに洗濯水として使用する」とか、「水洗トイレのタンクの中にペットボトルを入れて水道料金を節約する」といった節約術が、雑誌などで披露されていますが、正直、この手の些末な節約術は、少なくともいまのFさん夫婦にとっては、何の役にも立ちません。

大きな支出を伴うものから切っていく

この手の節約術は、他の経費削減をあらかた行い、いよいよカラ雑巾を絞るという段階になって、初めて使う手段です。

正直、この手の節約術を行ったとしても、月に節約できる金額は1000円程度のものではないでしょうか。1000円を節約できたとしても、何しろFさんの家計は毎月10万円以上の赤字ですから、焼け石に水のようなものです。効果ゼロといってもいいでしょう。

こういう場合の赤字削減は、とにかく大きな支出を伴うものから切っていくことをお勧めします。

- **自動車は本当に必要なのか？**
- **子供が独立したいま、本当にこんな大型保障の保険が必要なのか？**
- **老後の楽しみではあるけれども、週に2回もゴルフに行く必要があるのか？**
- **同じように妻の週2回のランチ会は本当に必要なのか？**

このあたりから支出を見直していけば、毎月の赤字はかなりの程度まで圧縮できるでしょう。

健康にかかわることを節約してはいけない

節約は大事ですが、節約しないほうがいいものもあります。「健康」にかかわることについては、それを削ることによってむしろ不健康になり、余計な出費につながる恐れがあるので要注意です。

大事なのは、バランスのよい食事と適度な運動です。ここにかけるお金はケチらないほうがいいでしょう。偏った食事と運動不足で病気になったら、それこそ病院通いや下手をすれば入院する羽目になるでしょうし、病院の処方薬は売薬よりも安いとはいえ、病気の種類によっては薬代もバカになりません。

適度な運動というと、スポーツジムに通おうとする人がいらっしゃるのですが、**高い会費を納めてスポーツジムに通わなくても、自宅で十分に運動はできます。**

もちろん、トレーナーについてもらってトレーニングをしたほうが、効率的に運動できるのは事実ですが、スポーツジムってよほど自宅の近所にない限り、徐々に足が遠のくものです。

行かなくなったら退会すればいいのですが、不思議なことにみなさん、「いつか行くかも知れないから」と言って、なかなか退会せず、まるでお布施のように会費を払い続けるパターンに陥っています。それこそ無駄遣いです。

そうであるならば、最初からスポーツジムなどに入らず、近所の散歩、スクワットなど、自分の行動範囲でできる運動を継続的にしたほうが、お金もかかりませんし、健康維持にとってもいいことだと思います。

退職後に家を買ってはいけない

自宅よりもキャッシュが大事

「退職後に家を買う。そんな人いるの？」と思うかも知れませんが、退職金を頭金にして家を買う人は意外といらっしゃいます。

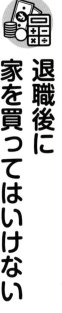

やはり、持ち家は夢という方が多いのですね。きっと、いまの50代半ば、60歳前後の人たちは、「家を持って一人前」などと言われ続けて育ったのだと思います。だから、退職金というまとまったお金が入ると、これを頭金にして夢のマイホームを買おうと思うのかも知れません。

あるご夫婦は定年を機に郊外の一戸建てを購入されました。マイホームが夢だった奥様はたいそう喜ばれて、ガーデニングに励まれているそうです。「花の苗って高いんですね」とおっしゃったのはご主人。毎シーズンお金が飛ぶことを考えると、不安になるとおっしゃっていました。

新しいおうちは素敵です。新しいおうちをキレイに保ちたいお気持ちはよくわかります。でも、収入より支出が上回ってしまうのはダメなのです。**キャッシュで買ったからローンがない、というのは手持ちのキャッシュがないということの裏返しです。**

あるいは、自分の家があれば雨露はしのげるので、収入が途絶えたとしても何とかなると考えて持ち家を購入する人もいます。賃貸だと、もし自分が働けなくなったとき、家賃を払うことができず追い出される恐れがあると思っているのでしょう。

確かに、自営業の場合は考えられますが、**会社員だった人は大丈夫です。老齢厚生年金という定期収入があるわけですから、それで家賃は十分にカバーできるでしょう。**もし、年金ではカバーできないほど家賃の高い物件に住んでいるのであれば、そもそも定年になった時点で、そこを引っ越すべきだと思います。

現時点で賃貸マンションなどに住んでいる人で、定年になったら退職金を頭金にして家を買おうなどと思っているとしたら、悪いことは言いませんから、止めましょう。

退職金を頭金にして持ち家を購入した人は、本当に悲惨な老後を過ごすことになるリスクが一気に高まります。

終の棲家は施設

これからの時代、誰にとっても終の棲家は施設になると思います。子供がいない夫婦だったらなおさらですし、単身者もそうです。

そう考えると、**いまの住まいは賃貸マンションという方の場合は、そのまま施設に入るのが得策だと思います。**施設に入るとき、それなりに高額なお金を払う必要があるのですから、それ以前にわざわざ持ち家を購入して、手元資金を減らす必要はどこにもないのです。

一方、**すでに持ち家を買ってしまった人は、施設に入るとき、持ち家を売却して入居一時金などに充てるという方法を取ることができます。**ただし、そうするのであれば一度、冷静に自分が購入した物件の価値を検証しておく必要があります。

たとえば、いま住んでいる自宅が一軒家だとしたら、必要以上に安く買い叩かれる恐れがあります。一軒家を購入した多くの人、それも分譲ではなく注文住宅を購入した人は、いざそれを売却しようとした時に、大変苦労するはずです。

というのも、注文住宅の場合、前オーナーの想い入れが建物の構造、デザインに強く反映されているからです。この手の物件は、前オーナーと同じ感性を持った人が買い手として現れない限り、売却できませんし、売れたときにはかなり値段が下げられているはずです。

一軒家に住んでいる人は、よりシビアに持ち家の資産価値を見積もる必要がありそうです。また、建物は築20年も経つと、価値がほぼゼロと言われていますから、基本的には建物を建てている土地そのものの価格がどうなるのかが、資産価値を大きく左右します。

よく考えてみてください。いまの年齢が60歳だとしたら、健康寿命まで残り10年程度です。**健康寿命を超えた時点で施設に入ると仮定した場合、せいぜい住めるのは10年程度です。ときどき孫が遊びに来るのでお庭の付いた家が欲しいという人もいらっしゃいますが、そのために一軒家を購入するのはあまりにも不経済です。**

そんなことをするくらいなら、むしろ家族揃って旅行に行き、そこで一緒に遊んだほうが、お孫さんも喜ぶのではないでしょうか。

住宅ローンを退職金で完済してはいけない

返しても憂鬱、返さなくても憂鬱

すでに家を買っていて、住宅ローンが残っている人もいらっしゃるでしょう。

40歳で持ち家を購入するとき、35年の住宅ローンを組んだら、完済時の年齢は75歳です。65歳で定年を迎えた時点で、残り10年間も住宅ローンを返済し続けなければなりません。

憂鬱になりますよね。収入はどんどん目減りしていくのに、住宅ローンの返済義務は残っているのです。

簡単にシミュレーションしてみましょう。40歳で35年返済の住宅ローンを、フラット35で３０００万円借り入れました。自己資金は１０００万円で、４０００万円のマンションを購入したという前提です。２０１９年６月時点のフラット35の適用利率は

1・270％で、元金均等返済を選択します。

以上の条件でシミュレーションした場合、3000万円の借入に対して、実際に返済する総額は4034万円です。これを35年間、420回の返済回数で返済していった場合、65歳の時点での残債額は996万円。まだ1000万円近いローンが残されているわけです。ちなみに、毎月の返済金額は5万5261円で、年2回のボーナス月には19万9926円の増額返済になります。

さて、これを75歳まで返済し続けるべきか、それとも退職金で一気に約1000万円の残債を返済するべきか、悩ましいところです。

75歳まで返済し続ける場合、定年後はボーナスがありませんから、年2回のボーナス月の増額返済分を、ほかの月に分けて上乗せすると、毎月の返済金額は7万9371円になります。定年になってから10年間、収入は減っているのに、毎月約8万円も住宅ローンを払い続けなければなりません。それは憂鬱でしょう。

一方、退職金で約1000万円を完済してしまえば、おそらく精神的にはかなりスッキリするはずです。

でも、退職金の額が1000万円しかなかったら、全額を住宅ローンの返済に回すことになります。老後の生活を支える大事な生活費となるはずの退職金が、ゼロになってしまうのです。確かにスッキリはするかも知れませんが、これはこれで、やはり嫌なものですね。

返済期間後半の繰上げ返済は効果が少ない

日本人は借金をすることに対して負い目を感じる傾向が強いようで、だからこそ退職金で住宅ローンを完済しようとするわけですが、私はお勧めしません。

おそらく、住宅ローンを返済しなければという強迫観念は、夫が先に亡くなったとき、残された妻が大変になるからという思いやりがあるのだと思いますが、夫が亡くなったら「団体信用生命保険」の保険金で残債を完済しますから、何も心配はいりません。夫は心置きなくあの世に旅立てるというわけです。

もちろん、夫がいつ亡くなるかを事前に的確に予測するのは不可能ですから、団体信用生命保険で残債を完済するというのは、あくまでも予期せぬ事態への対応になります。ただ、**夫婦揃って長生きすることになったとしても、やはり退職金での住宅ローン完済は、止めておいたほうがいいでしょう。**

なぜなら、定年後の決して短くない時間を生きていくうえで、手持ちの現金は何よ

繰上げ返済は返済期間の残りが長いときのほうが価値がある

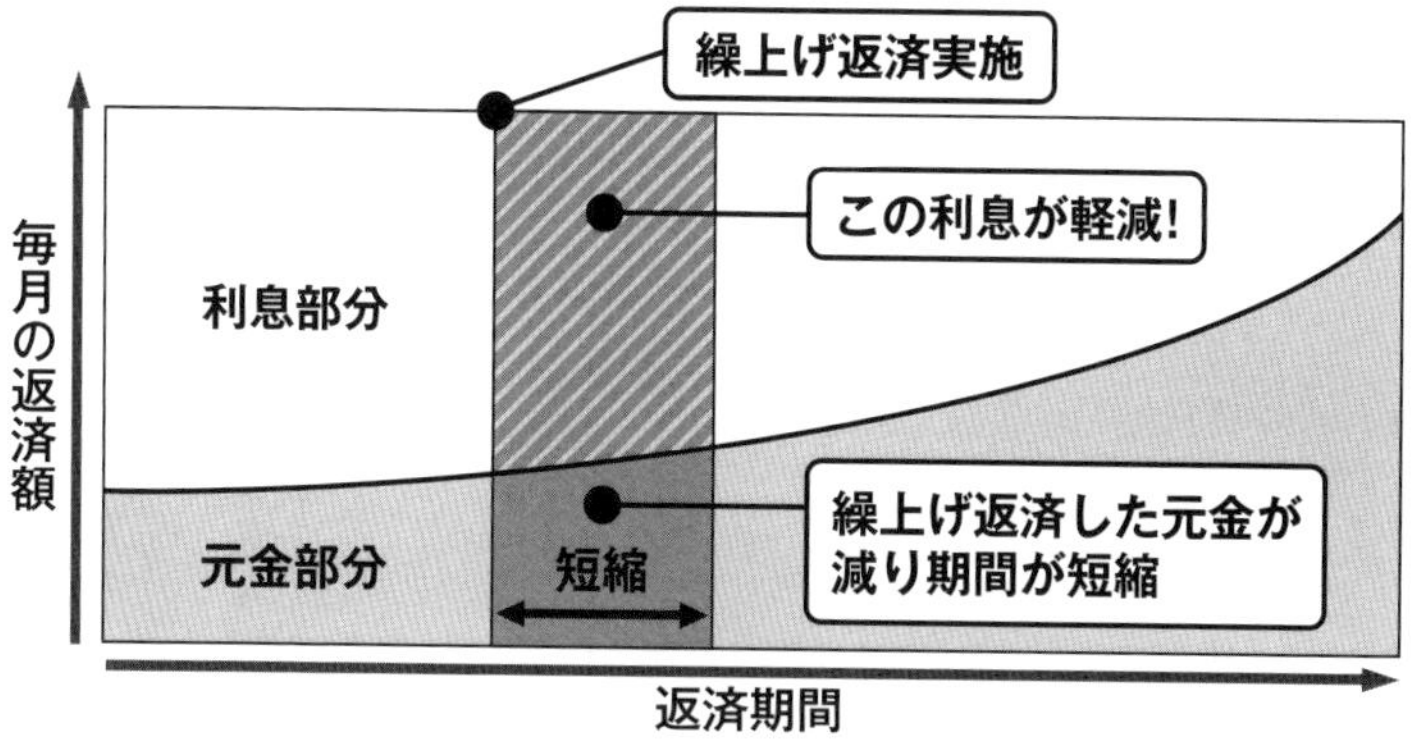

りも大事になってくるからです。

それに、繰上げ返済は、返済期間の残りが長いときなら利息の軽減効果が高く価値がありますが、残り10年ほどの期間では効果が高くありません。

住宅ローンが払い終わるまで何とか頑張って働き続けるか、それが厳しければ、いくらで売れるかという問題はありますが、売却して、売却代金で残債を相殺するという手もあります。

とにかく、**退職金は最後の命綱だと思ってください。たとえ１０００万円しか受け取れなかったとしても、あるのとないのとでは大違いです。退職金はできるだけ温存することをお勧めします。**

働いている子供の生活費を援助してはいけない

仕事をしているのに親から援助？

最近は晩婚化、晩産化の傾向が強まっているので、必ずしも当てはまるわけではありませんが、自分が60歳前後になれば、子供は大概の場合、社会人として独立しているはずです。

子供が学生であれば、親が子供の教育費、生活費のすべてについて面倒を見るのは当然です。親には子供に対する扶養義務があるからです。

もちろん親である以上、未成年者である子供に対して強い扶養義務が生じるのは当然ですが、子供が成人したら、親と子は相互に扶養し合う「相互扶養義務者」になります。つまり親は、自分の生活を犠牲にしない範囲で、子供に対する扶助の義務を負うという意味です。

このようなケースはまずないと思いますが、親が大金持ちで、子供は社会人として自立した生活を営んでいたものの、ある日、会社が倒産してしまい、貯めていた預金も底をつき、いよいよ生活できなくなる寸前まで来たとき、親は子供に救いの手を差し伸べる義務があります。逆に、普通に生活できている子供にまで経済面でサポートする必要は、全くありません。

ところがいまの時代、**高齢となった親が子供の生活費の全部もしくは一部の面倒を見ているケースが、けっこうあるのです。**

内閣府の平成29年版『高齢社会白書』によると、60歳を超えてからも満18歳以上の子供や孫の生活費のほとんど、もしくは一部を賄っている人の割合は、全体の20・9％でした。ちなみに生活費を賄っている子供や孫の就業状況を調べると、次の数字になりました。

仕事をしている：79・３％

仕事はしていない：20・７％

おそらく「仕事はしていない」に含まれるのは、引き籠りの子供たちが多いのでしょう。これは将来的にも大きな社会問題になる恐れがあり、社会全体として、この課題解決にあたるべき事項だと考えます。

問題は、**全体の8割近くを占める仕事をしているのに親からの援助を得ている人たちです。**一体、どうなっているのでしょうか。しかも、どういう就業形態なのかを見てみると、正規の社員・職員が47・5％も占めています。

つまり会社などの組織に属して働いている普通の社会人の多くが、親からの援助で生活しているのです。これは止めたほうがいいでしょう。

少なくとも、自分の力で給料を稼げるようになったら、その時点で親は子供に対して、少なくとも経済的な援助は止めたほうがいいでしょう。それが最終的には子供のためでもあるのです。

いつまでも援助できるわけではない

それに、60歳を過ぎた年齢になった親に、毎月5万円、6万円というお金を、子供の生活費として用立て続ける余裕は、もうないはずです。あと10年もすれば、自分自身の身体が言うことを聞かなくなり、それこそ自分が誰かに面倒を見てもらわなければならない時期に入っていきます。**自分で施設に入るためには、それに見合ったお金が必要になりますから、本当なら子供の面倒を見ているどころではないのです。**

もし一人娘ならなおさら気を付けましょう。都心にお住まいの方であれば、結婚するまで自宅住まいという娘さんも多くいらっしゃいます。ストーカー被害などを見聞きすると、余計心配になり大切な娘さんをできるだけ手元に置きたい気持ちも理解できます。

しかし、いまの時代、男が働き女が家庭を守るなんていうのはあり得ません。家計の支え手として稼ぎのある女性が求められる時代です。箱入り娘はかえって娘さんのためになりません。まして、娘さんの婚約者の年収が低いからと結婚を反対してはいけません。娘さん夫婦は2人で稼いで幸せになればいいのです。

子供の可愛さは理解できないわけではないので、自分たちによほど経済的な余裕があるならば、お好きにされるといいのですが、ギリギリの生活を強いられているならば、くれぐれも無理はしないことです。

親兄弟に相談せずに勝手にお墓を買ってはいけない

お墓の購入は経済的にもかなりの負担

先祖代々からのお墓があり、自分が死んだ後はそこに入ると決めている人は問題ないと思いますが、地方から東京などの大都市圏に出てきて、そこを生活の拠点にしていると、自分が死んでから、田舎の墓に入ることに抵抗感を抱く人がいます。

次男、次女という立場だと、余計にそうではないでしょうか。

「実家は長男が継いでいるし、自分は田舎を出た身だから、本家のお墓に入るのはどうも……」というわけです。

結局、そういう方はいまの生活拠点に近いところにお墓を買ったりするわけですが、これもよく考えて行動しないと、余計なコストがかかることになります。

維持費は年間2万円程度なので、そんなに大きな金額ではありませんが、お墓を購入するとけっこう大きな金額になります。東京都内の霊園になると、400万円というところもあります。

ローンも組めますが、自分が死んだ後もローンの残債があるなどというのは、さすがに気まずいので、一括で払う人も多いと思います。そうなると、お墓を買うことは経済的にもかなりの負担です。

お墓問題は、自分の人生の最後を締め括るイベントとして、思った以上に重いテーマなのかも知れません。

自分でお墓を買う前に、まだ実家に親が生存しているのであれば、兄弟姉妹も含めて家族会議の場を持つことをお勧めします。

本当の終の棲家をどうするか考える

もちろん、なかにはさまざまな事情があって、先祖代々のお墓には入れない、あるいは入らないという人もいらっしゃると思います。結婚している女性で、「夫の墓に入るのなんて、まっぴらごめん」という方もおられるでしょう。

そういう場合は、自分でお墓を買うしかないのですが、よく考えてみると、それも非常に無駄なことのように思えます。

昔は、先祖代々のお墓を守ることに、ある種の意義を感じている人は多かったと思うのですが、いまは子供の数が減り、お墓を買っても、それを守ってくれる人はどこにもいないわけですから、お墓を買う意味そのものがありません。

割り切れるなら無縁仏で十分ですし、何となくそれでは落ち着かないという人は、「永代供養」を利用すればいいでしょう。ちなみに永代供養の場合、霊園の場所にもよりますが、10万〜30万円です。

ほかにも、いまは選択肢がいくつかあります。マンションタイプといって、ビルの中に小さな仏壇のようなものが何層にも積み重ねられているお墓もあります。これだと都市部でも１００万円程度で購入できます。

人生の最後の最後までコストについて考えるのも野暮ですが、「先祖代々の」という考え方が希薄になっている現代社会において、お墓をどうするのかは個々人にとって、けっこう深刻な問題です。自分にとって本当の終の棲家をどうするか、ちょっと時間があるときに考えてみてはいかがでしょうか。

CHAPTER 08

第8章

50歳を過ぎたら やってはいけない「老後生活」の話

安易に地方移住をしてしまった人の悲惨な末路

Gさんは田舎暮らしを夢見て、会社員生活を続けてきました。

「田舎の人は人情もあるし、何よりも素晴らしい自然がたくさんある。生活費も安そうだし、中古の一軒家なら退職金で何とか買えそうだし、夏休みや冬休みに孫たちに田舎に行くことを楽しみにしてもらえる」というのが、Gさんのかねてからの考え方でした。

ちなみにGさん、実家が地方にあって大学入学時に上京し、そのまま東京の会社に就職したという人ではなく、東京生まれの東京育ちで、大学も東京、就職も東京という人です。

東京というと、多くの企業が集まり、高層ビルや大型商業施設が林立しているイメージですが、Gさんが住んでいたところは昔、生活している人がけっこういて、ご近所付き合いもあったそうです。

しかし、最近はめっきり生活感が失われるのと同時に商業圏、ビジネス圏としての色彩が強まり、一軒家はほとんど見当たらなくなりました。Gさんが生まれ育った実家もなく、両親はすでに他界しています。

こうして60年間、東京以外の土地は旅行で行った程度ですが、徐々に定年が近づいてくるなか、家族で旅行に行った楽しい思い出と共に、Gさんの地方移住に対する気持ちはどんどん強まっていきました。

妻に相談したら、けんもほろろでした。

「そんな縁もゆかりもない土地に行ってどうするの？　私はこっちに友達もいるし、住み慣れた街を離れるのは嫌。行きたいなら自分一人でどうぞ」

妻の強い反対で一時は収まったかのように見えたGさんの地方移住熱ですが、Gさんの元同僚が地方と東京の二拠点生活を始めたという話を耳にした途端、再び地方移住したい病が再発してしまいました。

「だったら、自分一人で行ってやろうじゃないか」

Gさんは妻と離婚はしないまでも、卒婚という形にして、とりあえず自分は地方で暮らすと宣言しました。妻は「どうぞ、どうぞ」と大歓迎。定年になって毎日、家でゴロゴロされ、メシだ、風呂だと言われるくらいなら、地方でもどこへでも行って頂戴というのが、妻の偽らざる思いです。

ただ条件がありました。移住先で仕事を見つけて生活費を稼ぐこと、退職金にはいっさい手を付けないということの2つで、これさえ守ってくれれば、あとは好きにやってもらってかまわないということでした。Gさんは大喜びで準備を始めました。

まず住む場所が必要ですが、Gさんには1つ大きな野望がありました。それは、「田舎で蕎麦屋を開くこと」です。そのため密かに定年前から蕎麦打ち教室に通い、蕎麦打ちの技術に磨きをかけていました。

資金面も、実は妻に内緒でお金を貯めていました。Gさんは株式投資の経験が長く、3000万円程度の運用資金を持っていたのです。場所は住むところを改築すればいいという考えで、空き家を無償譲渡してもらいました。3000万円のうち2500万円をリフォーム代にして、残りの500万円で什器類などを揃えました。

お店は古民家を改造したもので雰囲気満点。什器類もセンスのいいものを取り揃えて、いよいよ営業開始。妻は「どこにそんなお金があったの」と厳しい顔で問い詰めましたが、「退職金に手を付けない」という条件を出したのは妻のほうで、それがきちんと守られている以上、さらに踏み込んで詰問するようなことはしませんでした。

2年後。Gさんは浮かない顔で東京に向かう飛行機の中にいました。

「蕎麦屋を開きたいという想いだけが先に立ってしまい、どうすればお客さんを集められるのかまではいっさい考えていなかった。考えてみれば、あんな田舎の過疎地帯でお客さんがどんどん来るはずないよな。観光地でもないし……」

ということで、蕎麦屋はモノの見事に失敗しました。

この2年間、東京には一度も帰らず、ただひたすら、いくら待っても来ないお客さんのために原材料を仕入れ、蕎麦を打ち続けましたが、いよいよ限界でした。売上げが立たなければ、店を維持することができません。不幸中の幸いだったのは、店員を雇わなかったので、人件費がほとんどかからなかったことくらいでしょうか。それでもGさんは食べていくことができず、2年でついに白旗を上げました。

挫折感を抱えて自宅に帰ったGさんですが、さらに追い打ちをかける出来事が待っていました。妻からの離婚届です。

自分に内緒で3000万円もの隠し財産をつくり、しかも勝手に蕎麦屋を始めたことに対して、怒り心頭だったようです。営業を開始するとき、妻がお金の出所を追及しようとしながらも途中で何も言わなくなったのは、Gさんを許したのではなく、あまりの怒りに何も言えなくなったからでした。

夫婦なのに、自分がやりたいことのためだけに裏でコソコソ資金をつくり、それを勝手に使って蕎麦屋を始め、「俺はお前が出してきた条件をちゃんとのんだ。退職金には手を付けていないからな」という態度が、どうにも許せなかったのだそうです。

結局、離婚することになりました。

Gさんは離婚協議で財産の半分を要求しましたが、株式投資で増やした3000万円も夫婦の共有財産とみなされ、退職金はまるまる妻のもとへいくことになりました。しかも、自宅の売却代金も大半が妻のものになりました。Gさんはとりあえず仮住まいとして6畳一間のアパートを借りたものの、ここから先は完全なノープランです。手元にある現金は、自宅を売却して得た500万円程度。すでに63歳となり、年齢的に就職したくても、なかなか働く先が見つかりません。

公的年金を受給できるまであと2年。果たしてGさんは生き残れるのでしょうか。公的年金が受け取れるようになっても、離婚したGさんの場合、厚生年金の半分は妻のものになります。実際に受け取れる金額は、かなり少なくなることを覚悟しなければなりません。

「それでも2年間、自分の好きなことにチャレンジできたのだから悔いはない」と強がるGさんですが、その代償はあまりにも大きいものになりました。

ビジネスプランもなく士業で開業してはいけない

大事なのは資格を取得してからの努力

Gさんが蕎麦屋で失敗したのは、単純に自分の趣味に走ったからです。蕎麦打ちが好きであることと、商売を軌道に乗せることは別の問題です。

商売である以上、お店の立地をまず考える必要がありますし、その周囲にはどういう人が住んでいるのか、観光客は見込めるのかといったマーケティングもする必要があります。もちろん味は大事ですが、どれだけ美味しいお蕎麦が打てたとしても、立地などの条件がクリアされていなければ、商売は成り立ちません。

定年になると、なぜか資格を取得して開業しようとする人がいるのですが、これも蕎麦屋と同じです。これは多くの資格取得者に共通するのですが、おめでたいことに多くの人が、資格さえ取れれば商売になると思っているのです。

そんなわけないじゃないですか。**資格はあくまでも、その仕事をするのに最低限の知識を持っていることを証明するためのものでしかありません。**税理士でも弁護士でもそうですが、その資格を使って商売を大きくできるかどうかは、資格を取得するための能力以外のノウハウ、知識などが必要になります。

たとえば、税理士の資格を取得したとします。どこかに事務所を借りて、椅子と机を入れた後、ずっとその部屋にいれば、勝手に相談したい人が来てくれて相談料などがいただけるなんてことは、絶対にありません。そもそも、その人が税理士であることを、世間の人は誰も知らないのです。

そうだとしたら、何はともあれ営業をしなければなりません。「○○税理士事務所」という看板を出すのは当たり前。とにかく自分の存在を世の中に知ってもらわなければなりませんから、そのために八方手を尽くします。

まずは紹介で広めます。自分の友人・知人、親戚などあらゆるツテをたどって、税金の相談に乗ってもらいたいという人を紹介してもらいます。

そのうえで、自分の日々の活動をブログなどにアップしていきます。いまやSNS

というプロモーションのための武器がありますから、使わない手はありません。

税理士の資格を取得する勉強も、非常に大変な努力が必要ですが、そこで終わりではないのです。**大事なのは資格を取得してからの努力です。**

営業は断られるところから始まる

私のお客様でも、中小企業診断士の資格を取り、事務所を借りる、机を入れる、名刺をつくるといったところまでは嬉々として動いていらっしゃいましたが、本番の営業活動はなぜか動かず。どうやったらお客様ってくるのでしょうか？　とおっしゃっていました。

サラリーマン時代は、仕事があるのが当たり前、給料があるのが当たり前。でもそれは、企画や、営業、技術や製造、そして人事や総務など「会社」がチームで行っていたこと。「しみじみ自分は歯車だったのだと痛感します」とおっしゃった姿をいまも覚えています。

「士業で開業してはいけません」とあえて申し上げたのは、資格を取得した時点で思考停止に陥る人がけっこういらっしゃるからです。

いままで会社で「部長」と呼ばれていた人が、定年になって資格を取得するのは、「先生」と呼ばれたいからでしょうか。ある奥様は「娘の結婚式で父親が無職では娘が不憫で」とおっしゃっていましたが、本当にそこまでしてしがみつく必要があることでしょうか。

でも、先生と呼ばれるためには、何はともあれ自分の持っている知識が世の中の大勢の人にとって役に立つものであるということを、周囲の人たちにわかってもらわなければなりません。偉そうに「先生ヅラ」をしているだけでは、いつまで経っても仕事は入って来ず、結果、定年後の生活を維持していくうえで大事なお金を稼ぐこともできません。

資格を取得して、それを求めている会社に再就職するなら問題ありませんが、取得した資格で開業するのであれば、常に腰を低くして、お仕事をいただくための営業をする必要があります。

営業は断られるところから始まります。

断られることを「屈辱」などと思うような人は、一生、仕事をいただくことはできませんから、独立開業などという夢を見てはいけません。

妻におうちカフェを開業させてはいけない

趣味の開業でもコストはかかる

妻がおうちカフェを開業するのも、蕎麦屋を開業したGさんと同じです。自分の趣味で起業しても、成功は覚束ないでしょう。

このように申し上げると、たいがいの方はこう反論してきます。

「だって、趣味でやっているだけだし、別に成功しようなんて最初から考えていないわ」

でも、カフェを開いている以上、コストは確実にかかってきます。自宅をカフェにするのだから、店舗を借りるコストはかかりませんが、いまの住まいの一部屋をカフェに改造するための費用はかかります。

まさかいまの応接間をそのまま使うわけにはいきませんし、いろいろなお客さんが来ることを想定して、最低限の改装は必要でしょう。どの程度、手を入れるかにもよりますが、部屋の改装費でだいたい300万円はかかると思います。

そのほか、シンクやエスプレッソマシン、厨房機器、オーブン、空調設備、冷蔵庫、家具などの設備・備品に150万円くらいは見ておいたほうがいいでしょう。これに原材料費なども乗っかってきます。トータルで500万円は必要になるはずです。

初期費用の回収に12年！

これだけのお金を持ち出している以上、「趣味でやっているだけだし」では済みません。最低でも、初期投資の500万円は回収する必要があります。

そうしないと完全な持ち出しになり、老後の生活に必要な資金を確実に食いつぶすことになります。

ちなみにこれは一例ですが、首都圏近郊の住宅街で、自宅を改造してカフェを運営している女性がいるのですが、年商が400万円です。年商ですから、ここから原材料費や人件費を差し引くと、最後にいくら残るのかという話です。

一般的な飲食店の利益率が15％程度と言われていますから、自宅カフェという特殊性を考慮して、利益率は10％程度でしょうか。

だとしたら、**年商400万円で得られる利益が年40万円。開業の初期投資に500万円をかけたとすると、回収するまでには12年以上かかる計算になります。**

12年って……。もし、妻が55歳でカフェを開業したとして、初期投資分を全額回収できるのは67歳です。

その頃には経営規模が非常に大きくなっていて、下にマネジメントを任せられる人間がいれば別ですが、おうちカフェですから基本的にすべての作業を自分ひとりでこなすことになります。もう身体が持たないでしょう。

カフェを開業するなんていう夢を語れるのは、せいぜい40歳までです。50歳を過ぎたら、夢見る夢子さんではどうしようもありません。現実を見据えて、その現実のなかで日々の楽しみを見つけていくのが、正しい大人の生き方なのです。

わざわざお金を出して学校に通ってはいけない

学び直しの落とし穴

退職すると学校に通う人も多いようです。だいたいは目的が明確でないまま、「とにかく何かを始めなければ」という焦りのような気持ちで学び直しを始めるケースが多いのではないでしょうか。

ときどきテレビなどで高齢者が大学に入り直して勉強しているといったストーリーが、美談として語られています。なぜ大学に入ったのかという質問に対して、「これから新しいビジネスをするので、それに必要なスキルを磨いているのです」などという回答を聞いた試しは一度もありません。

たいがいは「ボケ防止」とか「その分野が好きで昔から勉強してみたかった」というノスタルジー系の話が多いのですが、それなら何も高い授業料を払って大学に入る必要はないと思います。

自宅で本を読めば、十分に知識を深められますし、ボケ防止にもなります。図書館も無料です。もう少し活動を広げて、読書会を開催されたりする方もいます。お金をかけず、知識を得て仕事に役立てようと思わず、純粋に学ぶこともやり方次第で実現できます。

おそらく大学をはじめとする学校の狙いは、明らかに高齢者です。なぜなら少子化の影響によって、学校で学ぶ子供の数が激減しているからです。学校も商売上がったりというわけです。

少子化によって目減りした売上げは、ほかで補わなければなりません。幸いなことに、高齢者人口はどんどん増えています。だから「学び直し」などと言って、定年を迎えた人に勉強させようとしているのではないかと邪推してしまいます。

趣味もお金をかけないことが大事

学び直しと同様に、「とにかく何かを始めなければ」という焦りで始めることに趣味があります。確かに趣味を持つことは、老後の生活を豊かなものにしてくれます。

でも、お金のかかる趣味を持ったとたん、老後の生活はどんどんクビが回らなくなってしまいます。

なので、お金のかかる趣味を持つなどというのはもってのほかです。豪華客船クルーズとか、高級旅館の泊まり歩き、ファーストクラスでの海外旅行、などはあっという間に貯金を食いつぶします。

自動車趣味なんて最悪ですし、高級レストランの食べ歩き、ワインなどでも、お金にどんどん羽が生えて飛んでいってしまいます。

お金のかからない趣味が何かわからない人もいると思いますが、探せばけっこういろいろあります。読書や散歩などは、その代表格といってもいいでしょう。映画鑑賞だって、いまはわざわざ映画館まで足を運ばなくても、アマゾンプライムのようなオンデマンドサービスを用いれば、月額利用料金などたかが知れています。

運動不足も、散歩と組み合わせれば解決します。

「何かを始めるのに遅すぎることはない」と言われますが、定年後の学び直しやお金のかかる趣味は、貧乏老人一直線になるリスクがあることを忘れずに。

年金の離婚分割をあてに熟年離婚をしてはいけない

分割できるのは婚姻期間の厚生年金のみ

最後に、夫婦関係についても触れておきましょう。これをすると着実に生活が苦しくなるということです。その1つは、何といっても熟年離婚でしょう。

厚生労働省の調査によると、離婚件数の総数は１９８５年が16万６６４０件でしたが、２０１７年には21万２２６２件になりました。趨勢的には増加傾向をたどっています。**このうち同居期間が35年以上の離婚件数を見ると、１９８５年は１１０８件でしたが、２０１７年には５９４４件に増えています。この32年間で5倍以上になりました。**

これは、明らかにライフスタイルや夫婦関係に対する考え方が変わってきた証拠だと思います。**それでもやはり熟年離婚は止めたほうがいいと思います。なぜなら、双方にとって貧困化するリスクが高いからです。**

Gさんも妻から離婚を言い渡されました。おそらくGさんの妻は、退職金をまるまる受け取れたため、「よしよし」と思っているのでしょうが、楽観はできません。

たとえば、**年金分割によって厚生年金の半分を受け取る権利があるといっても、「国民年金+厚生年金の半分」では、月々の収入はたかが知れています。**

多くの方が誤解しているのですが、年金の離婚分割は決して初老の夫婦の離婚後の経済的な支えにはなりません。まず分割できる年金は、厚生年金のみ、それも婚姻期間中の年金記録が分割されるだけです。

例を挙げてご紹介しましょう。仮にGさんの奥様の年金が国民年金6万5000円、厚生年金1万3000円、合計7万8000円だったとしましょう。専業主婦時代が長いと、どうしても年金が少なく、これでは離婚もできないわと思ってしまうところです。

一方Gさんの年金は、国民年金6万5000円、厚生年金8万7000円、合計15万2000円です。長年連れ添った夫婦なら、その年金の半分つまり7万6000円

年金の離婚分割と遺族年金の比較例

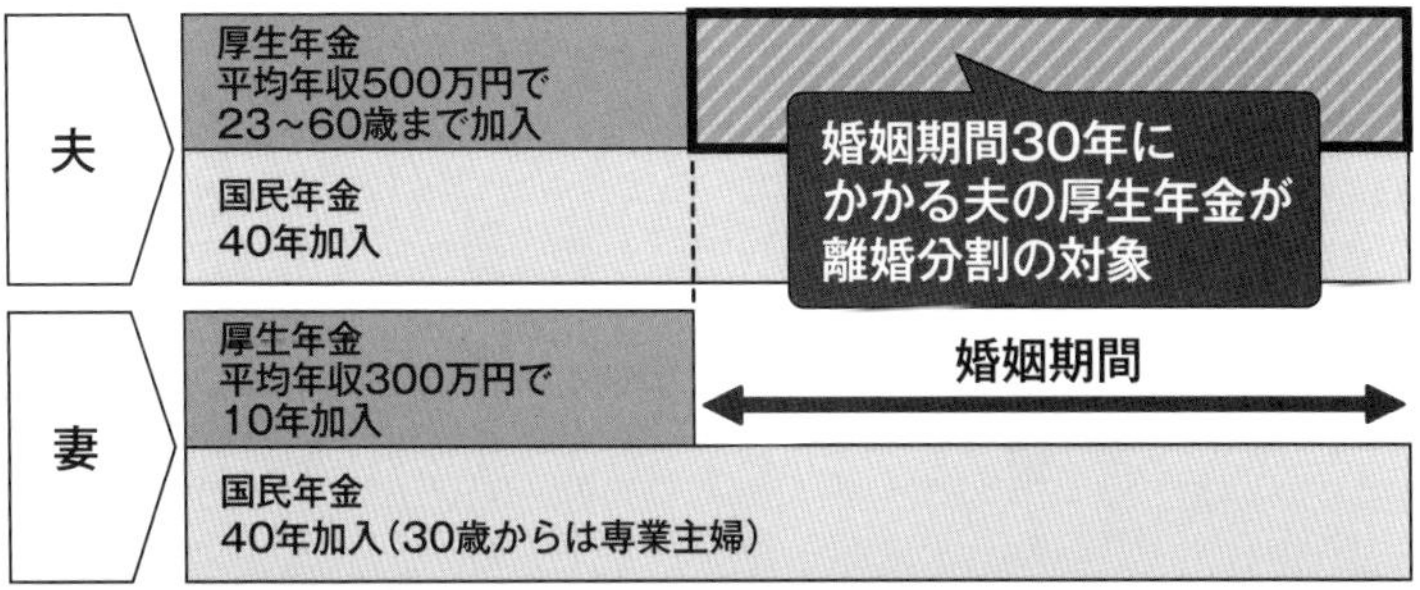

	夫婦円満	離　婚	死　別
夫の年金	182万円	141万円	
妻の年金	94万円	135万円	156万円
合計	276万円	276万円	156万円

が「私のもの」と思いがちですが、分割対象は厚生年金のみ。かつ婚姻期間に相当する部分だけです。

　奥様が期待するほど、離婚後の生活は楽ではありません。ちなみに50歳以上の場合、離婚分割をした場合の見込み額を教えてもらえるサービスがあります。希望される場合は、年金事務所に相談しましょう。リアルな数字を見ることで決心が変わるかも知れません。

　実は、**ご主人が亡くなると奥様は一生涯、夫の老齢厚生年金の75％に相当する厚生年金を受け取ります。一方、離婚をすると婚姻期間中に相当する厚生年金の最大50％です。**これをお伝えすると、その後、離婚という言葉が出なくなる奥様が多いのは不思議です（笑）。

多少でも妥協できる部分があるのなら…

Ｇさんの妻の場合、退職金の全額と自宅を売却した代金の大半を確保できたので、まだラッキーなほうですが、そのようにうまくはいかないケースもあるでしょう。

たとえば、退職金が１０００万円だとしたら、その半分の５００万円しか確保できず、これに「国民年金＋厚生年金の半分」という月々の収入では、かなり厳しいと思います。

働くにしても、ずっと専業主婦で仕事のスキルがほとんどなかったら、雇ってくれる会社はないでしょう。それは夫も同じで、退職金と厚生年金が半分になりますから、やはり老後の生活は苦しくならざるを得ません。

顔も見たくないほど相手のことが嫌いというのであれば、これはもう何を言っても仕方がないのですが、多少でも妥協できる部分があるならば、２人で話し合い、熟年離婚をせずに済む方向に持っていったほうが、お互いのためだと思います。

おわりに

ファイナンシャルプランナーの仕事をしていると、普段は、「するべきこと」を話すことは多いのですが、この本のような「してはいけないこと」はあまり話しません。話すほうも、聞くほうも、楽しくありませんから。

でも、本当に、定年前後の方には、あるある話なんですよ。そして、本当に、老後破綻しないためには、知っておいてほしいことなんです。

ここで、問題を出してみます。本書で解説した内容の問題です。

問　老後破綻しないために、正しければ○、間違っていれば×をつけなさい。

□ 老後資金には1億円必要である。

□ライフプランは現在から積み上げて考える。
□退職金は長年働いてきたご褒美である。
□年金は繰上げ受給したほうが得である。
□経験がなくても株式投資を始めるべき。
□退職金で一時払い終身保険に加入する。
□銀行のサービスや商品はどこも同じである。
□親の財産を知る必要はない。
□住宅ローンは退職金で完済したほうがいい。
□定年後に趣味を仕事にする。

ここまで読まれた方なら簡単ですね。そうです。答えはすべて×です。全問正解なら、もう大丈夫です。老後破綻することはないでしょう。でも、いまの年齢ごとに注意点が異なりますので、最後にそのことを話したいと思います。

あなたが50歳なら、老後資金をしっかり貯め始めてください。定年までまだ10年以上あると思っていても、そのときはすぐに訪れますよ。

あなたが定年前後の「カモ期」なら、金融機関の甘い言葉に惑わされないでください。この本に登場した先輩たちの失敗例が参考になると思います。

あなたが60代でもまだ大丈夫です。毎月の赤字を退職金などの貯蓄を取り崩しているなら、月々の収支が黒字になるように、いまの生活を見直しましょう。

夢がないと思ったあなた。夢に破れる前に現実を見ることができてよかったです。夢を実現するのはあなた次第、本書の教訓がきっと糧になるでしょう。

最後までお読みいただき、本当にありがとうございます。

本書を手にしてくれたあなたから、老後のお金の不安が消えてくれたなら、著者として本当に嬉しいです。

２０１９年６月

山中伸枝

【著者紹介】
山中伸枝（やまなか　のぶえ）
心とお財布を幸せにする専門家、ファイナンシャルプランナー（CFP®）、確定拠出年金相談ねっと代表、一般社団法人公的保険アドバイザー協会理事。1993年米国オハイオ州立大学ビジネス学部卒業後、メーカーに勤務。これからはひとりひとりが、自らの知識と信念で自分の人生を切り開いていく時代と痛感し、ファイナンシャルプランナー（FP）として2002年に独立。現在、年金と資産運用、特に確定拠出年金やNISAの講演、ライフプランの相談で全国を飛び回りながら、ウェブやマネー誌などで情報発信するなど、お金のアドバイザーとして精力的に活動している。著書に、『「なんとかなる」ではどうにもならない定年後のお金の教科書』（クロスメディア・パブリッシング）、『ど素人が始めるiDeCoの本』（翔泳社）などがある。
https://www.nobueyamanaka.com/

50歳を過ぎたらやってはいけないお金の話
2019年8月1日発行

著　者――山中伸枝
発行者――駒橋憲一
発行所――東洋経済新報社
〒103-8345　東京都中央区日本橋本石町 1-2-1
電話＝東洋経済コールセンター　03(5605)7021
https://toyokeizai.net/

装　丁…………萩原弦一郎（256）
D T P…………望月　義（zero）
印　刷…………ベクトル印刷
製　本…………ナショナル製本
編集担当………水野一誠

ISBN 978-4-492-04648-7